KB203173

하나님의 계획이
우리의 생각과 왜 다를까?

진짜 궁금한
성경 한 절

하나님의
계획이
우리의 생각과
왜 다를까?

오은규 지음

동연

신앙의 여정에서 우리는 종종 하나님의 섭리가 우리의 논리와 경험을 초월하는 순간들을 마주하게 됩니다. 때로는 이해할 수 없는 사건들 앞에서 의문을 품기도 하고, 인간적인 해석으로는 설명되지 않는 신비 속에서 갈등하기도 합니다.

오은규 목사님의 책에는 이러한 신앙적 질문들에 대한 깊이 있는 통찰과 신학적 성찰이 담겨 있습니다. 저자는 성경 속 난해한 본문들을 조명하며, 하나님의 뜻과 인간의 이해가 충돌할 때 우리가 가져야 할 신앙적 태도들을 제시합니다. 단순한 본문 해설을 넘어, 독자가 스스로 질문하고 사유할 수 있도록 이끌어 주며, 성경적 분석과 현대적 신앙 현실을 유기적으로 결합하여 독자들이 하나님의 섭리를 보다 넓은 시야에서 바라볼 수 있도록 안내해 주고 있습니다.

이 책을 통해 신앙의 길에서 마주하는 질문들 속에서 하나님의 계획이 우리의 생각을 초월하여 완전하게 이루어진다는 확신을 얻을 수 있길 바랍니다. 때로는 낯설고 어렵게 느껴질지라도, 하나님의 섭리는 언제나 선하며 완전합니다. 이 책은 바로 그 깊은 진리를 깨닫게 하는 귀한 길잡이가 될 것입니다.

이재훈 (온누리교회 위임목사, 한동대 이사장)

우리는 성경을 진리라고 믿습니다. 오직 하나님의 뜻으로 기록된 말씀으로 받아들입니다. 그러나 성경을 읽다보면 당혹스러워질 때가 적지 않습니다.

하나님의 선지자 엘리사가 자신을 조롱한 아이들을 저주해 아이들 42명이 곰들한테 죽임을 당하는 장면을 어떻게 이해할 수 있을까요?

오은규 목사님은 '진짜 궁금한 성경 한 절'을 하나하나 찾아내 성도들에게 귀한 답을 제시해 줍니다. 이 책의 진정한 가치는 '궁금한 성경 한 절'에 대한 답을 넘어 그 말씀에 담긴 하나님의 뜻을 묵상하도록 이끌어 준다는 데 있습니다.

성경에 담긴 하나님의 뜻을 깊이 이해하고 싶은 성도들에게 권하고 싶은 책입니다.

이인용 (온누리교회 장로, 법무법인 율촌 가치성장위원장)

30년 전 미국인 교회에서 미국 청소년들을 상대로 성경공부를 한 적이 있습니다. 얼마나 당돌한 질문을 쉬지 않고 던지던지 제대로 대답도 못하고 곤욕을 치렀었지요. 다들 현대판 '의심 많은 도마들'처럼 보였어요. 돌이켜보면 이게 어디 미국 교회나 청소년들만의 문제이기만 할까요? 현대 크리스천들은 누구나 성경을 읽으며 감히 목회자들에게 묻기도 어색한, 수많은 질문들과 마주합니다.

성경이 하나님의 말씀이라는 믿음이 있음에도 불구하고, 때로는 이해하기 어려운 이야기들이나 인간의 이성으로는 쉽게 납득되지 않는 하나님의 뜻이 우리의 신앙 여정을 흔들기도 합니다. 이러한 신앙적 궁금증을 해결하고자 하는, 소위 '의심 많은 독자들'에게 오은규 목사님의 『하나님의 계획이 우리의 생각과 왜 다를까?』는 최고의 안내서가 될 것으로 기대합니다.

이 책은 성경 속 난해한 구절과 사건들에 대한 심도 깊은 해석을 제공하며, 크리스천들이 자주 던지는 질문들에 대한 명확한 답을 제시합니다. 비신앙인들이라도 이 책 목차만 살펴보면 저자의 답변이 이내 궁금해질 것입니다. 저자는 단순한 교리적 설명을 넘어 성경 속 이야기의 본질을 탐구하며 하나님의 뜻을 조명하는 데 집중하고 있음을 알 수 있었습니다.

이 책을 읽는 누구나 성경을 더욱 깊이 이해하고, 신앙 속에서 마주하는 의문들을 스스로 해결할 수 있으리라 확신합니다. 저는 30년 전에 이 책이 옆에 있었더라면 얼마나 좋았을까 상상하면서, 독자들에게 강력하게 추천의 말씀을 드립니다.

권수영(연세대학교 연합신학대학원 교수, 동서신학포럼 이사장)

　　누구나 궁금했던 신앙의 이야기를 돌봄의 감각으로 빚어낸 이
책은 마지막까지 치유적입니다. 하나님의 숨소리가 들리는 듯, 읽
으며 하나님의 광대하심을 알게되고 묵상하며 돌보는 은혜를 깨닫
게 되지요. 치유의 삶을 살아온 저자의 글자 속에서 하나님의 소리
를 듣게 될 겁니다. 보는 것이 듣는 것으로 그리고 들은 것은 곧 영
혼의 온도로 이어질 겁니다. 돌아보시고 돌보아 주시는 하나님의
손끝을 경험하게 될 것이기에 적극 추천드립니다.

이호선(숭실사이버대학교 교수, 한국노인상담센터장)

　　오은규 목사님은 따뜻한 마음을 지닌 목회자이자 심리 상담 전
문가입니다. 성경의 난해한 부분을 쉽고 명확하게 풀어내며, 우리
를 말씀의 깊은 세계로 초대합니다. 그 초대에 응해 말씀을 묵상하
다 보면 마음의 위로와 치유를 경험하게 됩니다. 말씀을 통해 소망
과 회복을 찾고자 하는 분들께 이 책을 진심으로 추천합니다.

천세종(연세대학교 객원교수, 새창조교회 담임목사)

이 책을 쓰게 된 계기는 온누리 신문의 맛있는 말씀 해설 코너에 글을 기고하면서 시작되었습니다. 처음 원고 청탁을 받았을 때, 이 코너를 기획하신 온누리교회 이인용 장로님께서는 성도들이 성경을 읽으며 이해하기 어려운 한 절의 구절이나, 익숙하지만 실제 의미와 다르게 해석되는 한 절 말씀을 찾아 쉽게 풀어 설명하는 것이 목적이라고 하셨습니다. 저 역시 이 취지에 깊이 공감하며, 성경을 읽다가 문득 이해되지 않거나, 더욱 깊이 연구하고 싶은 구절을 정리해 보고자 하는 기쁜 마음으로 글을 쓰기 시작했습니다.

이런 구절을 찾기 위해 저는 성도들에게 "성경을 읽으며 가장 이해하기 어려운 하나의 구절이 무엇입니까?"라고 묻기도 했고, 목회자로서 개인적으로 난해하게 느껴졌던 말씀 구절을 찾아 하나하나 묵상하며 글을 써 내려갔습니다. 그렇게 시간이 흐르며 어느덧 수십 편의 글이 모였고, 이를 책으로 엮어야겠다는 마음이 들었습니다. 특히 「온누리신문」에 실린 글을 읽은 장로님들과 권사님들께서 '맛있는 말씀 해설'을 통해 큰 은혜를 받았다는 말씀을 전해 주실 때마다, 이 책이 보다 많은 성도들에게 도움이 될 수 있겠다는 확신이 들었습니다.

필자는 성서학자가 아니기 때문에 성경 구절의 깊은 신학적 배경이나 뜻을 온전히 파악하는 데는 한계가 있습니다. 하지만 기독교 상담학자로서 성도들의 궁금증에 답하며, 말씀이 영혼에 위로와 치유가 되기를 바라는 마음으로 이 책을 저술했습니다. 성경을 읽으며 떠오르는 질문들, 신앙생활 중 풀리지 않는 의문들을 해설하는 과정에서, 저 역시도 많은 깨달음을 얻고 하나님 앞에서 더욱 겸손해질 수 있었습니다. 이 책을 통해 성도들이 성경을 더욱 가깝게 느끼고, 그 말씀 속에서 하나님의 뜻을 발견하는 데 작은 도움이 되기를 바랍니다. 이 책은 특히 성경을 애독하지만 때때로 그 의미를 온전히 이해하기 어려운 성도들에게 유익할 것이라 생각합니다. 또한 교회에서 소그룹을 인도하거나 성경공부를 지도하는 평신도 리더와 목회자들에게도 참고 자료가 될 수 있으리라 기대합니다. 신앙생활을 이제 막 시작한 새신자나, 성경을 깊이 연구하고자 하는 초신자들에게도 이 책이 말씀을 더 가까이하는 데 도움이 되리라 생각합니다.

이 책을 집필하면서 저 역시도 말씀을 새롭게 깨닫는 은혜를 경험했습니다. 난해했던 구절이 풀어질 때 느껴지는 신비로움과 감동은, 저에게도 또 하나의 영적 성장이었습니다. 이 책을 통해 필자가 경험한 깨달음이 독자 여러분께도 전해지길 소망합니다.

이 책이 나오기까지 도움을 주신 많은 분들께 감사드립니다. 먼저 신문에 기고한 글들이 책으로 묶일 수 있도록 출판을 허락해 주신 도서출판 동연의 김영호 대표님께 깊은 감사를 드립니다. 부족한 저자임에도 불구하고, 어려운 출판 환경 속에서도 기꺼이 후배에게 책을 내도록 허락해 주신 것에 다시 한번 감사드립니다. 또한 이 책이 성도들에게 유익한 도서로 다가갈 수 있도록 귀한 추천사를 써주신 온누리교회 이재훈 위임목사님과 이인용 장로님께 진심으로 감사의 마음을 전합니다.

제 학문의 여정에서 큰 가르침과 지도를 베풀어 주신 연세대학교 권수영 교수님과 숭실 사이버대학교 이호선 교수님 그리고 성서학자로서 저의 성경 해석을 따뜻한 시선으로 바라보며 추천사를 써 주신 연세대학교 천세종 교수님께도 감사드립니다. 그리고 책의 편집 과정에서 꼼꼼히 읽어주고, 날카로운 통찰로 문장을 다듬어 준 사랑하는 아내 한예진 교수에게도 깊은 감사를 전합니다.

이 책을 통해 성도들의 신앙이 더욱 깊어지고, 하나님의 말씀이 꿀처럼 달게 느껴지며, 그 뜻이 더 분명하게 깨달아지기를 바랍니다. 책의 구성에서는 성도들이 궁금하거나 흥미로워 하는 성경 구절 36개를 풀이하였습니다. 그리고 글의 마지막 부분에서는 각 성경 구절을 깊이 묵상할 수 있도록 힐링 묵상을 담았으며, 말씀을 통해 기도할 수 있도록 결단 기도를 함께 실었습니다. 이 책이 말씀을 사랑하는 모든 이들에게 작은 길잡이가 되길 바라며, 앞으로도 하나님의 말씀을 깊이 탐구하며, 주님의 뜻을 따라 살아가고자 하는 분들에게 미약하나마 도움이 되기를 소망합니다.

저자 오은규 드림

차례

1장 | 말씀 속 신비를 만나다

4장 | 예수님의 가르침과 복음의 역설

5장 | 숫자와 상징 속의 깊은 뜻

6장 | 성경 속 숨겨진 진리의 조명

| 1장 |

말씀 속 신비를 만나다

1

동물이 정말
말을 할 수 있을까?

나귀와 발람 이야기의 숨은 의미

> "여호와께서 나귀의 입을 여시니 나귀가 발람에
> 게 이르되 내가 당신에게 무엇을 하였기에 나를
> 이같이 세 번을 때리느냐" 민 22:28

〈민수기〉 22장 28절은 나귀가 사람처럼 말하는 장면을 묘사하며, 이를 접하는 독자나 일반 성도들에게 당혹감과 의문을 불러일으킬 수 있는 구절이다.

첫째, 동물이 인간처럼 말한다는 것은 현실적으로 불가능하기에 이 구절을 문자적으로 이해하기 어렵다. 이 장면을 통해 하나님께서 무엇을 말씀하시고자 하시는지에 대한 궁금증이 생긴다. 둘째, 하나님께서 발람에게 직접 말씀하지 않고 나귀라는 비상식적인 방법을 사용하신 이유에 대한 의문도 있다. 발람이 하나님의 선지자로 불릴 만큼 중요한 위치에 있었음에도 나귀를 통해 경고를 받은 이유는 쉽게 이해하기 어렵다. 마지막으로, 이러한 초자연적 사건을 어떻게 해석해야 할지에 대한 고민도 존재한다. 기적적인 사건들을 모두 문자 그대로 믿어야 할지, 아니면 상징적이고 비유적으로 이해해야 할지에 대한 신앙적 질문이 제기될 수 있다.

이 구절은 예언자 발람이 이스라엘을 저주하라는 발락 왕의 요청을 받고 길을 떠나는 상황을 배경으로 하고 있다. 하나님께서는 발람이 그 길을 가는 것을 막기 위해 천사를 보내셨으나 발람은 이를 깨닫지 못하고 계속 나아가려 한다. 발람이 나귀를 때리자 하나님께서는 나귀의 입을 열어 발람이 깨닫지 못한 하나님의 경고를 전하게 하신다. 이 사건은 발람이 하나님의 뜻을 제대로 이해하지 못하고 자신의 욕심에 따라 행동하려 했다는 걸 보여 주는 장면이다. 나귀가 발람에게 말하게 된 것은 발람의 영적 무지와 교만을 드러내며, 하나님께서 자신의 뜻을 어떤 방법을 통해서라도 전달하신다는 것을 상징적으로 나타낸다. 발람이 하나님께 선택받은 선지자임에도 오히려 동물인 나귀가 하나님의 뜻을 먼저 깨달았다. 이를 통해 발람은 자신의 행동이 잘못되었다는 것을 깨닫고 회개하게 된다. 이 사건은 하나님께서 인간의 완고함을 깨뜨리기 위해 때로는 비상한 방법을 사용하신다는 것을 보여 주는 예라고 할 수 있다.

이 구절은 하나님의 뜻을 바르게 이해하고 그에 순종하는 것이 얼마나 중요한지 가르쳐 준다. 우리의 욕심이나 선입견이 하나님의 말씀을 가리는 걸림돌이 되지 않도록 주의해야 한다. 발람처럼 자신의 이익에 눈이 멀어 하나님의 뜻을 무시하지 않도록 항상 깨어 있어야 한다. 하나님께서는 우리가 예상하지 못한 방법을 통해서도 우리의 길을 바로잡으실 수 있다는 것을 기억해야 한다. 또한 우리는 하나님께서 보내시는 메시지에 민감하게 반응하고 그분의 인도하심에 순종해야 한다. 예상하지 못한 사람이나 상황을 통해 하나님께서 말씀하실 수 있다는 걸 항상 염두에 두어야 한다. 발람의 이야기는 우리가 잘못된 길을 갈 때 하나님께서 다양한 방법으로 경고하실 수 있다는 점을 보여 준다. 우리의 이해를 초월하는 방식으로도 하나님은 일하시며, 그분의 뜻을 신뢰하고 따르는 것이 중요하다는 교훈을 준다.

⬚ 힐링 묵상

하나님은 우리의 완고함에도 불구하고 때로는
예상치 못한 방법으로 우리에게 말씀하신다.
그분의 뜻에 귀 기울이고 순종할 때
참된 치유와 회복의 길을 걸을 수 있다.

⬚ 결단 기도

하나님, 저의 욕심과 선입견을 내려놓고,
예상치 못한 방법으로 다가오시는 하나님의 말씀에
민감하게 반응하며 순종하는 삶을 살겠습니다.
제 마음을 열어 주님의 뜻을 바르게 이해하고
그 길을 따르게 도와주세요. 예수님 이름으로 기도드립니다. 아멘.

2

인간이 왜 신이라 불렸을까?

하나님의 독특한 표현

"내가 말하기를 너희는 신들이며 다 지존자의
아들들이라 하였으나" 시 82:6

〈시편〉 82편 6절의 말씀은 독자들에게 깊은 의문을 남긴
다. 사람을 가리켜 '신들'이라고 부르다니, 이는 단순히 비
유적 표현일까, 아니면 인간이 신적 존재로 간주된다는
뜻일까? 이 구절은 특히 기독교의 유일신 신앙과 어울리
지 않아 보이는 표현으로 읽는 이들에게 혼란을 준다.

먼저, 여기서 사용된 '신들'(elohim)이라는 단어는 일반
적으로 성경에서 하나님을 지칭하는 데 쓰인다. 그러나

이 구절에서는 인간에게 '신들'이라는 표현이 사용되어, 독자들로 하여금 인간이 신적 권위를 지닌 존재인지에 대한 의문을 품게 만든다. 더 나아가 이러한 표현은 다신교적 사고로 오해될 소지가 있어 유일신 신앙을 가진 기독교인들에게 혼란을 초래할 수 있다. 왜 하나님께서 인간을 가리켜 '신들'이라고 부르셨는지, 이 표현이 〈시편〉의 맥락 속에서 어떤 의미를 담고 있는지 더욱 깊이 살펴볼 필요가 있다.

둘째, '지존자의 아들들'에 대한 표현의 모호함이다. '지존자의 아들들'이라는 표현이 하나님의 자녀나 천사와 같은 특별한 존재를 지칭한다고 생각할 수 있다. 그러나 이 구절에서 구체적으로 누구를 가리키는지 명확하지 않아서 하나님이 인간에게 이 칭호를 부여한 의도와 의미를 이해하기 어려울 수 있다.

셋째, 문맥적 이해의 어려움이다. 〈시편〉 82편은 전체적으로 하나님의 정의와 공의를 왜곡한 이스라엘의 지도자들에 대한 책망과 심판을 다룬다. 6절에서 등장하는 '신들'과 '지존자의 아들들'이 이 문맥에서 어떤 역할을 하는지, 이들이 가진 책임과 의무가 무엇인지 파악하는 데 어려움을 느낄 수 있다.

〈시편〉 82편 6절에서 '신들'(elohim)은 문자적으로 '신' 또는 '신적 존재'를 의미하지만, 여기서는 하나님의 권위를 위임받은 인간 지도자들, 특히 재판관들을 가리킨다. 이 용어는 그들에게 하나님의 대리자로서 공의와 정의를 행할 책임이 있다는 걸 상징적으로 나타내는 것이다. 그러나 그들이 맡은 바 책임을 다하지 않고 불의를 행했기 때문에 하나님은 그들에게 심판을 선언하신다. '지존자의 아들들' 또한 하나님의 권위를 위임받은 사람들을 의미하며, 그들에게 하나님의 자녀로서 공정하게 백성을 다스릴 책임이 있다는 것을 나타낸다. 그들은 하나님의 뜻에 따라 공의와 정의를 실천해야 했으나 오히려 불의한 판단과 억압을 일삼았기에 심판의 대상이 된다. 이 구절은 문자 그대로 하나님과 같은 신적 존재를 말하는 것이 아니라, 하나님께서 부여하신 권위를 잘 못 사용하고 있는 재판관과 통치자에 대한 호칭이다.

이 말씀은 우리에게 매우 중요한 영적 교훈을 준다. 하나님께서 우리에게 어떤 역할이나 책임을 맡기셨을 때 우리는 그것을 신실하게 감당해야 한다. 하나님께서는 우리 각자를 그분의 대리자로 세우셨다. 그렇기에 우리의 말과 행동이 하나님의 뜻을 드러내야 한다. 이를 실천하기 위해서 다음의 몇 가지를 적용해 보자.

첫째, 책임을 올바르게 감당해야 한다. 우리는 각자 맡은 위치에서 하나님의 뜻을 따라 책임을 다하고 있는지 돌아봐야 한다. 가정과 직장, 교회 등 어느 곳에서든지 공의와 사랑을 실천해야 한다.

둘째, 겸손하게 섬겨야 한다. 하나님께서 주신 권위를 남용하지 말고 겸손하게 섬기는 자세를 지녀야 한다. 모든 권위는 하나님께로부터 온 것이고 우리는 그분의 뜻에 따라 그 권위를 사용해야 한다.

셋째, 기도와 중보의 필요성이다. 사회의 지도자들이 하나님께서 원하시는 공의로운 리더십을 발휘할 수 있도록 기도하고, 우리 각자도 맡은 자리에서 하나님을 대리하는 자로서 공의롭고 사랑으로 살아갈 수 있도록 기도해야 한다.

이처럼 〈시편〉 82편 6절은 오늘날의 기독교인들에게 하나님을 대리하여 공의와 사랑으로 살아가며, 맡은 역할을 책임 있게 감당하도록 도전하고 있다.

📖 힐링 묵상

하나님께서 우리에게 맡기신 권위와 책임을

공의와 사랑으로 섬기며 그분의 뜻을 신실하게 실천할 때

세상의 회복과 치유가 이루어진다.

🙏 결단 기도

하나님, 저에게 주신 모든 책임과 권위를 겸손히 감당하며

공의와 사랑으로 섬기며 살아가겠습니다.

예수님 이름으로 기도드립니다. 아멘.

3

하나님이 음란한 배우자를 맞이하라 하신 이유는?

호세아의 결혼 이야기

> "여호와께서 처음 호세아에게 말씀하실 때에 여호와께서 호세아에게 이르시되 너는 가서 음란한 여자와 음란한 자식들을 취하라 이 나라가 여호와를 떠나 크게 음란함이니라 하시니" 호 1:2

〈호세아〉 1장 2절에서 하나님께서 호세아에게 음란한 여인과 결혼하라고 명령하신 것은 많은 독자에게 충격적이고 이해하기 어려운 구절로 다가온다. 어떻게 신실하시고 거룩하신 하나님이 이처럼 파격적인 명령을 하실 수 있을까? 음란한 여인과의 결혼이란, 단순히 개인의 삶을 넘어서 하나님께서 이스라엘 백성에게 어떤 메시지를 전하려 하신 걸까? 이 구절은 처음 접하는 이들에게 하나님의 뜻을 이해하기 어렵게 만들 수 있다.

하나님께서 호세아에게 음란한 여인과 결혼하라고 명령하신 것은 그와 그의 가족에게 큰 고통을 안겨 주었을 것이다. 당시 사회에서 음란한 여인과의 결혼은 선지자로서의 명예와 신뢰성을 훼손할 수 있는 일이었기 때문이다. 또한 이 결혼이 상징하는 바를 이해하지 못하면 호세아가 감당해야 했던 감정적·사회적 고통이 하나님의 뜻과 어떻게 연결되는지 이해하기 어려울 수 있다. 이러한 점에서 많은 성도가 하나님의 명령에 담긴 의미를 쉽게 받아들이기 어려워한다.

이 구절은 이스라엘이 하나님을 떠나 우상을 숭배하고 배교한 상황을 상징적으로 표현한 것이다. 호세아의 결혼은 하나님과 이스라엘 간의 관계를 나타내며, 하나님은 신실하지 않은 이스라엘을 여전히 사랑하시고 회복시키고자 하신다는 메시지를 담고 있다. '상징적 예언'(symbolic prophecy)이라 불리는 이 방식은 선지자의 삶을 통해 하나님의 말씀을 더 강력하게 전달하려는 하나님의 의도이다. 호세아의 아내 고멜은 이스라엘의 영적 배교를 상징하며, 호세아는 하나님의 신실함과 사랑을 보여 준다. 이는 하나님이 이스라엘을 향한 깊은 사랑을 포기하지 않으신다는 것을 상징적으로 드러낸다.

선지자들은 종종 그들의 삶 자체로 하나님의 메시지가 되는 역할을 맡았다. 이사야는 벌거벗고 다녀야 했고(사 20:2-3), 예레미야는 결혼하지 말라는 명령을 받았으며(렘 16:2), 에스겔은 아내의 죽음으로 하나님의 심판을 상징해야 했다(겔 24:15-18). 이러한 희생적 삶은 단순히 고통스러운 것이 아니라, 하나님께서 사람들에게 전달하고자 하시는 말씀을 더욱 분명히 나타내기 위한 것이었다. 선지자들의 고통과 희생은 하나님께서 이스라엘의 죄에 대해 느끼시는 아픔과 그럼에도 그들을 향한 사랑을 표현하기 위한 도구였던 것이다.

호세아의 이야기는 하나님의 변함없는 사랑과 신실하심을 보여 준다. 우리의 배신과 신실하지 않음에도 하나님은 우리를 포기하지 않으시며 끝까지 사랑하신다. 또한 선지자들이 자신의 삶을 통해 하나님의 뜻을 전하는 모습을 보며 우리도 하나님의 말씀을 삶 속에서 실천하고 증거해야 한다는 것을 배울 수 있다. 우리 삶에 어려움과 고난이 있을 때 그것이 단순한 고통이 아니라 하나님의 뜻을 이루기 위한 과정이라는 걸 믿고 인내할 필요가 있다.

하나님께서 우리에게 맡기신 사명을 감당할 때 겪는 어려움과 희생은 결코 헛된 것이 아니다. 우리는 그 과정에서 하나님이 이루어 가시는 일들을 바라보며 모든 것을 그분께 의탁하고 신뢰해야 한다. 호세아의 이야기는 비록 고난을 당할지라도 우리가 하나님께 맡겨진 사명을 충실히 감당하며 그분의 영광을 드러내는 삶을 살아가도록 격려해 준다. 우리의 신앙과 삶이 하나님께 영광이 되기를 소망하며, 모든 순간 하나님의 뜻을 따라 살아가는 성도가 되기를 바란다.

✝ 힐링 묵상

호세아의 결혼 이야기는 하나님께서 신실하지 않은 이스라엘을 끝까지 사랑하시는 변함없는 사랑을 상징하는 것이다.
우리의 고난과 희생은 하나님의 뜻을 이루기 위한 과정임을 깨닫고 하나님의 신실하신 사랑 안에서 치유와 회복을 경험하며, 우리의 삶을 통해 그분의 영광을 드러내는 성장이 이루어지길 소망한다.

🙏 결단 기도

하나님, 고난 속에서도 하나님의 뜻을 신뢰하며,

저를 향한 변함없는 사랑에 응답하여

주어진 사명을 충실히 감당하겠습니다.

예수님 이름으로 기도드립니다. 아멘.

4 | 하나님은 왜 욥에게 직접 답하지 않으셨을까?

욥의 응답 없는 기도

> "내가 주께 대하여 귀로 듣기만 하였사오나 이 제는 눈으로 주를 뵈옵나이다" 욥 42:5

이 구절은 욥이 고난의 절정에서 하나님께 고백한 말로, 그의 태도가 완전히 전환되는 중요한 순간을 보여 준다. 그동안 욥은 자신이 겪는 고난에 대해 하나님께 끊임없이 항의하며 해답을 요구해 왔다. 그러나 여기에서 욥은 더 이상 하나님께 따지지 않고, 오히려 하나님의 주권과 위대하심을 겸손히 받아들이며 자신의 불만을 내려놓는다. 이 같은 변화는 많은 독자에게 놀라움과 궁금증을 불

러 일으킨다. 왜 욥은 고난의 이유를 끝내 알지 못하면서
도 항의를 멈추고 하나님을 인정하며 고백할 수 있었을
까?

욥은 그동안 자신의 의로움을 주장하며, 자신이 억
울하게 고난을 당하고 있다고 느끼며 하나님께 해명을
요구했다. 그러나 〈욥기〉 42장 5절에서 그는 더 이상 자
신의 주장을 고집하지 않고 겸허하게 하나님을 마주하
는 태도를 보인다. 독자들이 이 변화를 이해하기 어려운
이유는 욥이 기대했던 명확한 답변을 얻지 못했기 때문
이다. 욥은 왜 자신이 고난을 겪는지에 대한 이유를 듣고
싶어 했으나, 하나님은 고난의 이유를 설명하지 않으시
고 대신 창조주로서의 주권을 강조하셨다(욥 38-41장). 이
와 같은 하나님의 반응은 독자들이 예상했던 것과 다를
수 있으며, 욥의 태도 변화가 혼란스럽게 느껴질 수 있는
이유이다.

〈욥기〉 42장 5절에서 '귀로 듣는 것'과 '눈으로 보는
것'은 단순한 감각의 차이를 넘어 하나님에 대한 인식의
깊이를 상징한다. 이전에 욥은 단지 하나님에 대한 지식
으로 그분을 알고 있었을 뿐이다. 그러나 고난을 겪는 과

정에서 그는 하나님의 존재와 주권을 더 깊이 체험하게 된다. 이 깨달음은 단순한 지식적 이해를 넘어서 하나님과의 인격적인 만남에서 비롯된 신앙적 통찰이다.

비록 욥이 자신이 겪은 고난에 대한 구체적인 설명을 듣지 못했지만, 그는 이제 하나님이 모든 것을 주관하시는 창조주이심을 깨닫게 된다. 이는 지식으로만 아는 것이 아닌 하나님과의 실제적 경험을 통해 얻게 된 믿음이다. 욥은 이제 더 이상 고난의 이유를 묻지 않고 하나님 앞에서 피조물로서의 위치를 인정하며, 그분의 주권을 받아들인다.

이 구절은 오늘날 우리의 신앙 여정에도 중요한 교훈을 준다. 첫째, 우리는 하나님에 대한 지식에 머무르지 말고 삶을 통해 그분을 직접 경험해야 한다. 욥처럼 하나님과의 인격적인 만남을 통해 신앙이 깊어져야 한다. 둘째, 고난의 이유를 완전히 이해하지 못하더라도 우리는 하나님을 신뢰해야 한다. 하나님은 우리가 알지 못하는 방식으로 일하시며, 고난을 통해 우리를 성장시키신다. 셋째, 욥의 변화는 우리가 하나님 앞에서 겸손해야 한다는 것을 강조한다. 우리의 한계를 인정하고 하나님의 주권을 신뢰하는 겸손한 신앙이 필요하다.

결론적으로, 〈욥기〉 42장 5절은 고난 속에서 하나님의 주권을 인정하고 인간의 유한함을 깨달으라는 교훈을 제시한다. 인간은 하나님 앞에서 아무것도 아닌 존재라는 것을 깨닫게 될 때, 비록 고난의 이유를 이해하지 못하더라도 하나님 앞에 겸손히 순종하는 삶을 살 수 있다. 이것이 바로 신앙의 길이며, 하나님은 우리가 그분의 뜻을 온전히 이해하지 못하더라도 선하신 계획 안에서 우리의 삶을 인도하신다.

📖 힐링 묵상

고난 속에서 이유를 알지 못할지라도 하나님의 주권을 신뢰하고
그분의 계획에 겸손히 순종할 때,
우리는 진정한 회복과 내면의 평안을 경험할 수 있다.

🙏 결단 기도

하나님, 고난 속에서도 이유를 묻기보다 하나님의 주권을 신뢰하며
겸손히 순종하는 믿음으로 살아가겠습니다.
예수님 이름으로 기도드립니다. 아멘.

5 | 입다는 정말 딸을 제물로 바쳤을까?

입다의 서원의 진실

"내가 암몬 자손에게서 평안히 돌아올 때에 누구든지 내 집 문에서 나와서 나를 영접하는 그는 여호와께 돌릴 것이니 내가 그를 번제물로 드리겠나이다 하니라" 삿 11:31

사사 입다의 서원은 많은 성도에게 충격을 준다. 입다는 암몬 족속과의 전쟁에서 승리한 후 자신을 맞이하는 자를 하나님께 번제물로 드리겠다고 서원한다. 그러나 그를 맞이한 사람이 그의 유일한 딸이었기에 입다의 서원이 실제로 어떤 의미를 담고 있는지에 대해 다양한 해석이 존재한다. 독자들은 입다가 딸을 실제 번제물로 바쳤는지, 아니면 다른 의미의 제사를 드린 것인지 궁금해 한다. 또한 하나님께서 인신 제사를 금하셨음에도 입다가 왜 이런 서원을 했는지 그리고 서원을 지켰다는 것이 무 엇을 뜻하는지 이해하기 어렵다. 이러한 질문에 대해 적 절한 해답을 궁구해 보고 오늘날 우리에게 주는 영적 교 훈을 찾아보자.

〈사사기〉11장 31절에서 입다는 암몬 족속과의 전 쟁에서 승리한 후 자신을 처음 맞이하는 자를 하나님께 번제물로 드리겠다고 서원한다. 여기서 '번제물'이라는 단 어는 히브리어로 '올라'(עֹלָה)로, 이는 보통 제물을 불태워 하나님께 드리는 제사 방식을 의미한다. 당시 고대 근동 의 이방 민족들은 인간을 제물로 바치는 인신 제사를 행 했으나, 성경은 이러한 행위를 금지하고 있다(신 18:10). 그렇다면 입다가 딸을 실제로 불에 태워 바쳤을까, 아니 면 다른 의미의 제사였을까?

입다의 서원에 대한 해석은 크게 두 가지 관점으로 나뉜다. 첫 번째 해석은 입다가 그의 딸을 실제로 번제 물로 바쳤다는 주장이다. 〈사사기〉11장 39절에서 "자기 가 서원한 대로 딸에게 행하니"라는 구절을 문자적으로 해석하여 입다가 딸을 서원대로 불태워 바쳤다고 해석한다. 이 견해를 뒷받침하는 근거로 입다가 딸에게 두 달 동안 애곡할 시간을 준 것을 들 수 있다. 이것은 그녀가 다가올 죽음을 준비하는 시간으로 해석된다. 이 내용은 입다의 서원이 얼마나 비극적이고 잘못된 선택이었는지 보여 주며, 그의 믿음이 왜곡되었다는 것을 강조한다.

두 번째 해석은 입다의 서원이 실제로 딸을 죽이는 것이 아니라 평생 결혼하지 않고 성전에서 봉사하는 헌신적인 삶을 바치는 서원이었다고 주장한다. 여기서 '번제물'이라는 표현을 영적인 의미로 해석하여 입다의 딸이 하나님께 영적으로 헌신된 제물이 되었다고 여긴다. 〈사사기〉 11장 39절의 "딸이 남자를 알지 못하였더라"라는 구절은 그녀가 결혼하지 않고 평생 하나님께 헌신된 삶을 살았다는 의미로 해석될 수 있다. 성경은 분명히 인신 제사를 금지하고 있으며, 하나님께서 인간을 제물로 바치는 서원을 기뻐하실 리 없다는 점에서 이 해석이 더 합리적이라고 주장한다.

입다의 서원 사건은 무분별한 서원의 위험성을 경고한다. 입다는 전쟁의 패배에 대한 두려움과 불안으로 인해 신중하지 못한 서원을 했고, 그로 인해 가족에게 큰 비극을 초래했다. 우리도 어려운 상황에서 하나님의 도우심을 구할 때 성급한 서원을 하기보다는 하나님의 뜻에 온전히 순종하는 자세를 가져야 한다.

또한 이 사건은 우리가 하나님 앞에서 서원이나 결단을 내릴 때 얼마나 신중해야 하는지 보여 준다. 입다의 서원은 그의 불신앙에서 비롯된 것이고 그가 하나님의 뜻을 바르게 이해하지 못했다는 걸 드러낸다. 우리는 하나님의 말씀을 올바르게 이해하고 그 뜻에 합당한 결단을 내려야 한다.

입다의 이야기는 우리에게 참된 믿음이 무엇인지 다시 생각하게 한다. 눈에 보이는 표징을 구하기보다 보이지 않는 하나님의 섭리와 인도하심을 신뢰하며 나아가는 것이 진정한 믿음이다. 입다의 서원을 통해 우리는 하나님께서 원치 않으시는 서원이나 약속이 하나님께 영광이 되지 않으며, 그로 인한 책임도 우리가 감당해야 한다는 사실을 깨달아야 한다. 이러한 교훈을 마음에 새기고 하나님의 뜻에 온전히 순종하는 신앙의 삶을 살아가야 할 것이다.

입다의 서원 사건은 성급한 결단이

깊은 상처와 비극을 초래할 수 있다는 것을 경고하며,

진정한 치유와 회복은 우리의 뜻이 아닌

하나님의 뜻에 신중하게 순종하는 데서 비롯된다는 교훈을 준다.

결단 기도

하나님, 성급한 결단을 피하고 언제나 하나님의 뜻에

신중히 순종하는 믿음의 삶을 살겠습니다.

예수님 이름으로 기도드립니다. 아멘.

6

가인의 아내는
어디에서 왔을까?

창세기 4장 17절에 숨겨진 이야기

"아내와 동침하매 그가 임신하여 에녹을 낳은지라 가인이 성을 쌓고 그의 아들의 이름으로 성을 이름하여 에녹이라 하니라" 창 4:17

〈창세기〉 4장 17절을 읽으며 일반 독자들과 기독교인들이 가장 많이 갖는 의문은 가인이 어떻게 아내를 얻었는가에 대한 것이다. 아담과 하와의 첫 자녀로 가인과 아벨이 언급되어 있는데, 가인의 아내가 어디에서 나왔는지에 대한 설명이 부족하기 때문에 이런 궁금증이 생긴다. 성경은 아담과 하와가 인류의 시초라고 밝히고 있지만 가인의 아내에 대한 구체적인 설명이 없다는 점에서 많은 이가 이해하기 어려워한다. 특히 성경을 문자적으로 받아들이는 독자들은 이 부분을 명확하게 해석하기 어렵다고 느낄 수 있다. 〈창세기〉의 내용은 제한된 정보만을 제공하므로 독자들은 더 많은 설명을 필요로 하게 된다.

〈창세기〉 4장 17절은 당시의 문화적 배경과 성경의 기록 목적을 고려하여 이해해야 하는 구절이다. 성경은 모든 인류의 역사를 세세하게 기록하는 것이 목적이 아니고 선택적으로 중요한 인물과 사건에 초점을 맞춘다. 따라서 가인의 아내에 대한 구체적인 설명이 없더라도 그가 아내를 얻은 것 자체가 성경의 주요 관심사가 아니라는 걸 염두에 두어야 한다. 〈창세기〉 5장 4절에 따르면, 아담과 하와는 가인과 아벨 외에도 "아들들과 딸들을 낳았다"라고 기록되어 있다. 이로 인해 가인의 아내는 아담과 하와의 다른 자녀일 가능성이 높다. 성경은 모든 자녀의 이름을 기록하지는 않았으나 그들의 존재를 부정하지 않는다.

구약 성경의 족보는 모든 후손을 나열하기보다는 신학적으로 중요한 인물이나 사건에 중점을 둔다. 성경은 가인의 아내가 누구였는지에 대한 세부적인 정보를 제공하지 않지만, 이것은 성경의 기록 목적에 부합하는 접근법이다.

인류의 기원을 설명하는 이야기는 고대 사회에서 흔히 볼 수 있는 서술 방식이다. 성경의 〈창세기〉 또한 이러한 방식으로 인류의 기원을 간략히 요약하며, 특별히 신학적 메시지에 초점을 맞춘다. 가인의 아내는 아담과 하와의 자녀들 중 하나이거나 초기 인류 공동체의 일원일 가능성이 있다고 학자들은 해석한다.

성경의 기록 목적은 인류의 구속 역사와 하나님의 계획을 나타내는 데 있다. 비록 가인의 아내에 대한 세부적인 설명이 생략되어 있을지라도 하나님께서 인류의 역사를 주관하시는 분이라는 것을 성경은 분명히 한다. 하나님께서는 우리의 이해를 초월하는 방식으로 인간의 역사를 섭리하신다. 우리는 이와 같은 신비한 부분에서도 하나님을 신뢰하고 그분의 계획을 받아들여야 한다.

가인의 삶은 죄로 인해 저주받았지만 그에게도 하나님의 회복이 이루어졌다. 하나님께서는 가인이 다른 사람에게 죽임을 당하지 않도록 보호하셨고, 그의 후손을 통해 인류의 역사를 계속 이어가셨다. 이는 하나님의 은혜와 자비가 얼마나 크신지 보여 준다. 우리는 죄 가운데 있을 때에도 하나님께서 회복과 새로운 기회를 주신다는 것을 기억해야 한다.

성경은 모든 걸 설명하지 않는다. 이는 우리가 하나님을 신뢰하고 그분의 뜻을 따르도록 초대하는 메시지이다. 이해할 수 없는 부분이 있더라도 우리는 하나님의 선한 계획과 섭리를 믿고 따라야 한다. 〈창세기〉 4장 17절에서 가인의 아내가 누구였는지에 대한 의문이 해결되지 않더라도 하나님의 큰 그림을 신뢰하는 자세가 필요하다.

오늘날 우리의 삶에도 설명되지 않는 부분이 있을 때 하나님께 더욱 신뢰를 드리는 기도를 해야 한다. 우리가 이해하지 못하는 순간에도 하나님의 섭리 안에 있다는 것을 믿고 그분의 뜻에 따라 살아가는 자세가 믿음의 중요한 요소이다. 이러한 신뢰를 바탕으로 우리의 기도가 더욱 성숙해지도록 노력해야 한다.

✝ 힐링 묵상

우리의 삶에서 죄나 실수로 인한 상처와 갈등이 있을지라도
하나님은 끝까지 우리를 돌보시고 회복과 새로운 시작을
허락하시는 분이시므로 그분의 섭리와 은혜를 신뢰하며 나아가자.

🙏 결단 기도

하나님, 모든 것을 이해하지 못할지라도
주님의 섭리와 은혜를 신뢰하며 주어진 삶을
겸손하게 살아가겠습니다.
예수님 이름으로 기도드립니다. 아멘.

2장

하나님의 뜻과 인간의 이해

1

예수님은 왜 지옥에 내려가셨을까?

지옥 강하의 신비

"그가 또한 영으로 가서 옥에 있는 영들에게 선포하시니라" 벧전 3:19

이 성경 구절은 신약 성경 중에서도 매우 난해한 구절로 꼽힌다. 이 구절의 앞 절인 〈베드로전서〉 3장 18절에서는 예수님께서 우리를 위해 십자가를 지시고 육체적으로는 죽음을 당하셨지만, 영으로는 살아나셔서 음부(옥)에 있는 자들에게 말씀을 선포하셨다고 기록되어 있다. 일부 사람들은 이 구절이 로마 가톨릭교회에서 사후 연옥에 있는 영혼들에게 구원의 기회가 있다는 교리를 정당화하는 근거로 사용된다고 지적한다. 이는 어느 정도 일리가 있다.

한국교회가 고백하는 사도신경의 "장사된 지 사흘 만에 죽은 자 가운데서 다시 살아나셨으며"라는 구절은 〈베드로전서〉 3장 19절과 4장 6절을 근거로 만들어졌다. 그러나 이 구절의 공인된 사도신경 원문은 다음과 같이 표현한다. "장사되어 지옥에 내려가신 지 사흘 만에 죽은 자 가운데서 다시 살아나셨으며."

이 구절은 여러 가지 관점으로 해석할 수 있다. 그러나 신앙인들은 그 안에 담긴 중요한 영적 메시지에 주목해야 한다. 이를 통해 우리 삶에 적용할 수 있는 귀한 교훈을 발견하기를 바란다.

첫 번째 해석은 본문에서 말하는 "옥에 있는 영들"이 노아 시대에 불순종했던 영들을 가리킨다는 것이다. 예수 그리스도가 십자가 죽음과 부활 사이에 이들에게 전파한 것이 아니라, 노아 시대에 영으로 선재하셔서 죄인들에게 전도하고 호소했다는 주장이다. 이 해석은 지옥에 내려가셨다는 의문을 해소할 수 있는 이론으로 많은 신학자의 지지를 받고 있지만 본문의 문맥과는 다소 자연스럽지 않다.

둘째, 예수님께서 음부에 내려가서 전파한 것은 사실이지만 모든 사람에게가 아니라 제한된 자들에게 전파했다는 해석이다. 본문 다음 절인 20절은 옥에 있는 영들을 노아 시대에 복종하지 않았던 사람들로 묘사하고 있다. 노아 시대의 사람들은 가장 악한 죄인들이었기 때문에 홍수 심판을 받았다. 그런데 이러한 자들에게도 하나님의 은혜가 필요하며 회개의 기회를 주었다는 것이다. 또 다른 관점에서는, 〈베드로후서〉 2장 4절에 따르면 '타락한 천사들'에게 전파한 것인데, 이 선포는 회개의 기회가 아니라 심판을 전한 것이라는 주장이다.

셋째, 예수님께서 죽음과 부활 사이의 중간 시기에 죽은 자의 세계에 내려가 복음을 전파했다는 주장이다. 예수님의 육체는 죽음을 당했지만 그 결과 영적으로 살아나 시공간의 제약을 벗어나 전 우주를 대상으로 자유롭게 복음을 전하셨다는 것이다. 또한 예수 그리스도 이전에 살았던 사람이나 평생 복음을 들어보지 못한 자들에게 회개할 수 있는 은혜의 기회를 주셨다는 해석이다. 이 주장은 하나님의 구원이 그 어떤 사람도 제외하지 않는다는 귀중한 진리를 뒷받침해 준다. 물론 오늘날 그리스도를 믿는 사람들은 음부의 그늘에 들어갈 틈도 없이 이 세상에서 죽는 즉시 하나님의 낙원에 들어갈 길이 열렸다.

그리스도께서 옥(음부)에 내려가셨다는 사실이 주는 중요한 교훈이 있다. 첫째, 예수 그리스도께서 음부에 내려가셨다는 것은 그가 실제로 죽음을 경험하셨다는 걸 증거한다. 예수님은 진실로 죽음을 경험하시고 부활하신 분이다. 둘째, 그리스도께서 음부에 내려가셨다는 것은 보편적인 승리를 의미한다. 하늘에 있는 것이나 땅에 있는 것이나 땅 아래에 있는 모든 것이 예수의 이름 앞에 무릎을 꿇었다는 사실을 보여 주는 사건이다. 마지막으로 음부에 내려가신 사건은 예수님의 은혜가 미치지 않는 곳이 이 우주 어디에도 없다는 진리를 보여 준다.

따라서 "예수가 옥에 있는 영들에게 선포하셨다"는 말씀은 매우 난해하고 해석하기 쉽지 않은 구절이다. 이 구절을 예수님의 실제 죽음과 부활 그리고 그의 은혜가 미치지 않는 곳이 없다는 걸 강조하는 중요한 영적 교훈으로 보는 게 유익할 것이다.

✝️ 힐링 묵상

예수님께서 죽음과 음부를 이기신 사건은

그분의 은혜가 가장 어두운 곳에서도 우리를 치유하고

구원할 수 있다는 것을 보여 주며,

그리스도의 승리가 우리에게 전인적 치유와 회복의

소망을 준다는 교훈을 전한다.

🙏 결단 기도

예수님, 음부와 죽음을 이기신 주님의 승리를 믿으며,

어디서나 주님의 은혜와 구원을 신뢰하며 살아가겠습니다.

예수님 이름으로 기도드립니다. 아멘.

2 | 하나님의 계획이 우리의 생각과 왜 다를까?

이사야서의 깊은 통찰

"이는 내 생각이 너희 생각과 다르며 내 길은 너희 길과 다름이니라 여호와의 말씀이니라" 사 55:8

〈이사야〉 55장 8절은 하나님의 생각과 길이 인간의 생각 및 길과 서로 다르다는 것을 강조한다. 많은 독자가 이 구절을 접할 때 첫째, 하나님의 뜻이 우리의 이해를 초월한다면 우리는 어떻게 그분의 계획을 알 수 있을지 고민하게 된다. 하나님의 뜻을 우리의 이성이나 논리로는 파악하기 어렵다면, 기도나 성경 공부를 통해 하나님의 인도하심을 구하는 것이 무의미하게 느껴질 수 있다. 이는 하나님의 뜻을 구하며 살아가는 신자들에게 깊은 혼란을 줄 수 있다.

둘째, 하나님께서 우리가 이해할 수 없는 방식으로 일하신다면 그분과 어떻게 소통하고 관계를 맺을 수 있을지에 대한 의문이 생긴다. 하나님의 계획을 알 수 없고 그분의 뜻을 예측할 수 없다면 신앙생활에서 온전히 순종하는 것이 가능할지에 대한 불안이 따른다.

셋째, 삶에서 겪는 고난과 어려움 속에서 하나님의 계획을 이해하는 것은 매우 어렵다. 우리가 경험하는 고통이 하나님의 선하신 뜻과 어떻게 연결되는지 알 수 없을 때 그분의 뜻을 신뢰하는 것이 쉽지 않다. 이런 상황에서 하나님의 섭리를 믿고 따르는 것이 과연 가능한 일인지 고민하게 된다.

〈이사야〉 55장 8절은 하나님의 생각과 길이 인간의 이해를 초월한다는 사실을 말한다. 하나님은 우리의 한정된 지식과 능력으로는 다 이해할 수 없는 더 크고 깊은 계획을 가지고 계신다. 〈이사야〉 55장 전체를 보면, 하나님의 구원과 용서의 무한함을 강조하며 인간이 이해하기 어려운 방식으로 하나님께서 은혜를 베푸심을 나타낸다. 7절에서는 악인에게 돌아와 회개하라고 하시며, 하나님께서 그들을 기꺼이 받아 주실 것이라고 약속하신다. 따라서 "내 생각이 너희 생각과 다르다"는 말씀은 인간의 이해를 뛰어넘는 하나님의 자비와 구원의 방식을 설명한다. 이 구절은 우리가 이해할 수 없는 상황에서도 하나님의 계획이 언제나 옳고 완전하다는 사실을 믿어야 한다는 것을 강조한다. 인간의 시각으로는 합리적이지 않게 보일 수 있지만 하나님은 모든 일을 선하게 이루어 가시는 분이시다.

이 구절은 우리가 이해할 수 없는 일들 속에서도 하나님의 선하신 뜻을 신뢰하라는 중요한 교훈을 준다. 먼저 우리의 생각으로 이해되지 않는 상황에서도 하나님께서 일하고 계심을 믿고 그분의 계획을 신뢰해야 한다. 하나님이 우리의 상황을 아시며, 우리가 보지 못하는 더 큰 그림을 그리신다는 사실을 기억해야 한다. 또한 예상치 못한 일이 일어나거나 우리의 계획이 실패할 때 하나님의 더 나은 계획이 있다는 것을 믿고 낙담하지 말아야 한다. 오히려 자신의 계획을 하나님께 맡기고 그분의 인도하심에 따라 나아가는 기도를 통해 하나님과 동행하는 삶을 살아가야 한다.

〈이사야〉 55장 8절은 우리에게 하나님의 지혜와 섭리가 우리의 이해를 넘어선다는 사실을 인식하게 하며, 그분의 인도하심을 신뢰하고 순종하는 삶을 살아가도록 초대한다. 우리의 생각을 넘어 일하시는 하나님을 신뢰하고 그분의 뜻에 따라 살아가는 것이 진정한 신앙인의 자세임을 상기시켜 준다.

🔖 힐링 묵상

하나님의 계획은 우리의 생각을 초월하므로
이해되지 않는 상황 속에서도 하나님의 선하신 뜻을 신뢰하고
그분의 인도하심을 따를 때 치유와 회복, 성장이 이루어진다.

🙏 결단 기도

하나님, 나의 이해를 넘어 일하시는 주님의 선하신 뜻을 신뢰하며,
그 인도하심에 온전히 순종하는 삶을 살겠습니다.
예수님 이름으로 기도드립니다. 아멘.

3 | 하나님은 왜 야곱을 편애하셨을까?

야곱과 에서 선택의 숨은 이유

"기록된 바 내가 야곱은 사랑하고 에서는 미워
하였다 하신 것과 같으니라" 롬 9:13

하나님이 한 사람은 사랑하고 다른 사람은 미워하셨다는
것은 쉽게 이해하기 어려운 신학적 문제를 제기한다. 하
나님의 사랑이 모든 사람에게 평등하게 주어진다고 믿는
성도들에게 이 구절은 하나님의 정의와 사랑의 본질을
다시 생각하게 한다.

〈로마서〉 9장 13절은 하나님께서 야곱을 선택하시
고 에서는 미워하셨다는 선언을 담고 있다. 일반적으로

신앙인은 하나님의 사랑이 무조건적이고 편파적이지 않다고 생각한다. 그러나 이 구절은 그 믿음에 도전한다. 또한 '미워하다'라는 단어는 현대적 의미로 강한 감정적 반감을 연상시킨다. 하나님이 한 사람을 미워한다는 것은 매우 불편하게 다가올 수 있다. 이 때문에 많은 신앙인은 이 구절을 통해 하나님의 사랑과 공의를 어떻게 동시에 이해할 수 있을지 고민하게 된다.

이 구절은 하나님의 주권적 선택에 대해 설명한다. 바울은 이를 통해 하나님의 선택이 인간의 행위나 공로에 달려 있지 않다는 것을 말하고자 한다. 〈로마서〉 9장은 하나님의 선택과 예정을 설명하며, 이 구절에서는 구약성경 〈말라기〉 1장 2-3절을 인용하고 있다. 여기서 '사랑'과 '미워하다'는 감정적 표현이 아니다. 이는 선택과 비선택을 의미한다. 하나님은 구원의 역사에서 야곱을 선택하셨다. 반면 에서는 그 선택에서 제외되었다.

'미워하다'는 표현은 구약 문맥에서 상대적으로 덜 사랑한다는 의미로 사용된다. 예수님이 "자신의 부모를 미워하지 않으면 나를 따를 수 없다"라고 말씀하신 경우가 그 예이다. 이는 감정적 미움이 아닌 상대적 우선순위를 나타낸다. 〈로마서〉 9장 13절에서도 하나님께서 에서를 감정적으로 미워하셨다는 뜻이 아니다. 이는 구속사적 선택의 관점에서 야곱을 통해 하나님의 뜻을 이루셨다는 의미이다.

〈로마서〉 9장 13절을 신앙적으로 적용할 때, 우리는 하나님의 주권적 선택을 받아들여야 한다. 이 구절은 하나님의 주권이 인간의 이해를 초월한다는 것을 가르친다. 우리는 하나님이 공평하지 않다고 생각할 수 있다. 그러나 하나님의 선택은 인간의 자격이나 공로가 아닌 그분의 은혜와 계획에 기초한다.

또한 이 구절은 우리에게 겸손을 가르친다. 야곱이 선택받은 것은 그의 공로 때문이 아니다. 오직 하나님의 은혜 때문이다. 우리 역시 구원을 받을 자격이 없지만 하나님의 은혜로 구원을 받았다. 이 은혜는 누구에게나 열려 있다. 그러나 하나님의 구속사는 그분의 뜻과 계획에 따라 진행된다.

마지막으로 이 구절은 하나님의 계획이 우리의 삶속에서도 일하고 있다는 것을 일깨운다. 우리는 하나님의 큰 계획 속에서 각기 다른 역할을 맡았다. 그 역할이 무엇이든 하나님의 주권과 사랑 안에서 이루어지고 있다는 걸 믿어야 한다. 이를 통해 우리의 신앙은 더욱 깊어진다. 우리는 하나님의 뜻에 순종하며 살아갈 수 있는 지혜를 얻게 된다. 따라서 〈로마서〉 9장 13절을 이해하려 할 때 인간적인 정의와 감정을 넘어 하나님의 크신 계획을 신뢰해야 한다. 그분의 은혜와 사랑 안에서 겸손하게 살아가는 것이 중요한 신앙 태도이다.

🕮 힐링 묵상

하나님의 선택과 사랑이 우리의 이해를 초월하지만,
그분의 계획 속에서 우리는 모두 소중한 역할을 맡고 있으며, 이를
신뢰할 때 마음의 평안과 치유를 경험할 수 있다.

🙏 결단 기도

하나님, 제가 이해하지 못하는 하나님의 선택과 계획을 신뢰하며,
주어진 은혜 속에서 겸손히 순종하는 삶을 살겠습니다.
예수님 이름으로 기도드립니다. 아멘.

4

조상 탓인가?
내 탓인가?

고난의 진정한 의미는 무엇일까?

"아버지가 신 포도를 먹었으므로 그의 아들의
이가 시다" 겔 18:2

기독교인에게 고난은 하나님의 심판이 아니라 하나님의
은혜로운 사역의 수단이 될 수 있다. 우리는 고난을 통
해 점진적으로 예수님을 닮아 가기 때문이다. 그러나 사
람들은 고난 속에서 이유를 찾고 싶어 한다. 이유를 알면
고난을 견디기 더 쉬울 것 같고, 이를 합리화할 수 있기
때문이다.

　에스겔 선지자 당시 사람들은 "아버지가 신 포도를

먹었으나, 자식들의 이가 시리다"는 속담을 자주 사용했다. 바벨론 포로 생활을 하던 이들은 자신들이 겪는 고난이 자신의 잘못이 아니라 조상들의 죄 때문이라고 여겼다. 그래서 하나님이 불공평하다고 원망했다. 이 생각은 십계명의 다음 말씀에서 비롯된 것이다. "나를 미워하는 자의 죄를 갚되 아버지로부터 아들에게로 삼사 대까지 이르게 하거니와"(출 20:5). 그러나 이 구절의 올바른 의미는 아버지의 죄가 후손에게 전가된다는 뜻이 아니다. 죄의 영향이 후대에 미칠 수 있다는 걸 경고하는 말씀이다.

가족 상담 이론에 따르면, 한 사람의 어려움과 상처는 원 가족과 연결되어 있다. 상담에서는 원 가족과 관련된 도표를 그리며 부모와 가족에게 받은 영향을 살펴본다. 이러한 성찰은 치료에 도움이 된다. 그러나 현재의 모든 문제가 부모 때문이라고 할 수는 없다. 애착 이론(Attachment theory)에 따르면, 선천적으로 불안정한 애착을 가진 사람도 후천적인 노력으로 안정된 애착을 형성할 수 있다. 그러나 이스라엘 백성은 자신의 죄를 돌아보지 않고 조상들만 탓하며, 선지자들의 심판 경고와 회개의 촉구를 무시하고 있었다.

하나님은 예언자 에스겔을 통해 그들의 잘못된 생각을 지적하셨다. 그리고 그들이 회개하고 하나님께 돌아오기를 원하셨다. 포로 생활을 하는 이스라엘 백성들은 조상들의 죄로 인해 고난을 겪는다는 억울한 생각을 할 수 있었다. 그러나 그들이 겪고 있는 고난은 결국 그들 자신의 죄 때문이다.

하나님은 예언자들을 통해 이스라엘을 심판하고 멸망시키는 것이 목적이 아니었다. 〈에스겔〉 18장은 하나님이 모든 사람에게 공평하시며, 각자의 죄에 대해 판단하신다는 것을 강조한다. 아버지가 의로울지라도 자녀가 죄를 지으면 그 자녀는 징계를 받을 것이다. 반대로 아버지가 악할지라도 자녀가 악에서 돌이켜 의롭게 살면 그는 구원을 받을 것이다. 하나님은 우리의 모든 죄를 기억하시고 그 죄를 해결하기 원하신다. 이스라엘 백성이 각자의 죄를 인정하고 회개하면 하나님은 그들을 다시 살리겠다고 약속하셨다.

오늘날 우리는 어려움이 생길 때 종종 부모나 사회를 탓하지만, 고난 속에서 먼저 자신을 돌아보고 하나님께서 주시는 교훈을 찾아야 한다. 그런 점에서 몇 가지 실천적 교훈을 살펴보자. 첫째, 각자는 자신의 죄에 책임을 지고 회개해야 한다. 둘째, 고난은 하나님의 심판이 아니라 우리를 예수님 닮게 하시는 은혜의 도구임을 기억해야 한다. 셋째, 하나님께 돌아가면 언제나 새롭게 회복시켜 주실 것이다. 결국 하나님은 우리 각자에게 공평하게 판단하시며, 회개와 순종을 통해 은혜로운 회복의 길을 열어 주신다는 사실을 믿어야 한다.

🗒 힐링 묵상

고난을 통해서 현재 내 자신의 죄를 돌아보고
하나님께 회개하며 나아갈 때, 하나님은 은혜로
새로운 길을 열어 주시며 우리를 회복시키신다.

🙏 결단 기도

하나님, 고난 속에서 나의 죄를 돌아보고 회개하며,
주님의 은혜로 새롭게 회복되는 삶을 살겠습니다.
예수님 이름으로 기도드립니다. 아멘.

5

큰 죄가 큰 은혜를
부른다는 말은 진실일까?

오해와 진실

"율법이 들어온 것은 범죄를 더하게 하려 함이
라 그러나 죄가 더한 곳에 은혜가 더욱 넘쳤나
니" 롬 5:20

간혹 간증을 듣다 보면, 누군가 큰 죄를 지었지만 예수님
을 믿고 나서 하나님의 큰 은혜를 경험했다고 말씀하시
는 분들이 있다. 이러한 간증은 하나님의 은혜가 얼마나
큰지를 깨닫게 해주어 감동을 준다. 하지만 이를 듣고 '그
렇다면 죄를 많이 지었다가 나중에 회개해도 될까?'라는
생각을 하게 되는 사람도 있을 것이다.

오늘 우리가 살펴볼 본문 〈로마서〉 5장 20절은 비슷

한 의문을 품게 한다. "율법이 들어온 것은 범죄를 더하게 하려 함이라 그러나 죄가 더한 곳에 은혜가 더욱 넘쳤나니." 이 구절은 마치 율법이 죄를 더 많이 짓게 하려고 주어진 것처럼 보일 수 있고, 죄가 많을수록 은혜도 더 크다는 말로 오해될 수 있다. 그러나 이 구절을 올바르게 이해하려면 율법과 죄 그리고 하나님의 은혜의 관계를 정확히 알아야 한다.

하나님께서 이스라엘 백성에게 율법을 주신 목적은 그들이 하나님의 뜻대로 살도록 하기 위함이다. 율법을 지키면 범죄를 줄이고 하나님께 복을 받을 수 있다. 그러나 오늘 본문에서 말하는 것처럼 율법이 오히려 범죄를 더하게 한다는 구절은 무슨 의미일까?

율법은 죄를 더 많이 짓게 하려고 주어진 것이 아니라 죄를 깨닫게 하기 위해 주어진 것이다. 율법이 없으면 우리는 무엇이 죄인지 정확히 알지 못할 것이다. 예를 들어 '속도 제한 표지판'이 없다면 사람들은 속도를 내는 것이 잘못된 행동인지 잘 모를 것이다. 하지만 표지판이 세워지면 사람들은 자신이 법을 어기고 있다는 것을 깨닫게 된다. 마찬가지로 율법은 우리가 죄를 깨닫도록 돕는다.

그러나 여기서 문제가 생긴다. 속도 제한 표지판이 생기면서 사람들은 어떻게든 그 법을 피하려고 하거나, 법에 걸리지 않으려고 더 교묘하게 법을 어기는 방법을 찾기도 한다. 이처럼 율법이 죄를 드러나게 했지만 인간은 그 율법을 피하며 죄를 더 짓는 방법을 찾게 되었다. 〈로마서〉 4장 15절은 이 본문을 이해하는 데 도움이 된다. "율법은 진노를 이루게 하나니 율법이 없는 곳에는 범법도 없느니라"라고 말씀한다. 예수님 당시 바리새인들도 율법을 지킨다는 명목으로 겉으로는 경건해 보였지만 마음속으로는 더 많은 죄를 지었다. 그들은 율법을 교묘하게 이용해 더 큰 죄를 범했고, 결국 율법이 그들의 죄를 드러내는 역할을 한 것이다. 그래서 바울은 "율법이 들어온 것은 범죄를 더하게 하려 함이라"라고 말한 것이다.

이와 같이 율법은 인간의 죄를 드러내고 인간이 스스로 얼마나 죄인인지를 깨닫게 하려는 목적이 있다. 공동번역 성경에서는 이를 "법이 생겨서 범죄는 늘어났지만, 죄가 많은 곳에는 은총도 풍성하게 내렸다"라고 설명하여 그 의미를 잘 드러낸다.

그렇다면 "죄가 더한 곳에 은혜가 넘쳤다"라는 말은 무슨 뜻일까? 이 말은 죄가 많을수록 은혜가 커진다는 의미가 아니다. 오히려 아무리 큰 죄라도 하나님의 은혜는 그 죄를 덮을 만큼 크고 강력하다는 뜻이다. 예를 들어, 모래가 아무리 많이 쌓여 있어도 큰 파도가 몰려오면 그 모래를 모두 쓸어 가는 것처럼, 그리스도의 은혜는 우리의 모든 죄를 덮을 수 있을 만큼 강력하다. 이 말은 우리가 죄를 더 많이 지어야 큰 은혜를 받을 수 있다는 의미가 아니라, 하나님의 은혜는 죄보다 훨씬 크다는 사실을 강조하는 것이다.

이 말씀을 우리의 삶에 적용해 볼 때 첫째, 하나님의 은혜를 남용하지 말아야 한다는 교훈을 얻을 수 있다. 아무리 하나님의 은혜가 크더라도 이를 핑계 삼아 죄를 짓는 것은 잘못된 생각이다. 마치 '어차피 용서받을 거니까 죄를 더 지어도 괜찮다'고 생각하는 것은 옳지 않다. 우리는 하나님의 은혜를 바르게 이해하고, 죄를 멀리하는 삶을 살아야 한다. 둘째, 회개와 순종의 삶을 살아야 한다. 은혜는 우리가 회개하고 순종할 때 더욱 빛을 발한다. 자신의 죄를 고백하고 하나님께로 돌아가 그분의 뜻에 순종하는 것이 진정한 은혜의 체험이다. 셋째, 그리스도의 은혜를 의지해야 한다. 우리의 힘만으로는 죄를 극복할 수 없지만, 그리스도의 은혜는 모든 죄를 덮을 만큼 강력하다. 그러므로 언제나 그 은혜를 의지하며 살아가야 한다.

결론적으로, 〈로마서〉 5장 20절의 의미는 죄를 많이 지을수록 은혜가 커진다는 뜻이 아니라, 아무리 큰 죄라도 하나님의 은혜로 덮일 수 있다는 사실을 말하고 있다. 그러므로 우리는 하나님의 은혜를 남용하지 말고 회개와 순종을 통해 그 은혜를 받아들이며, 언제나 그리스도의 은혜를 의지하는 삶을 살아가야 한다.

✝ 힐링 묵상

율법을 지킴으로 하나님의 뜻을 온전히 행하고,

아무리 큰 죄라도 하나님의 은혜는 그 모든 죄를 덮을 만큼

강력하며, 우리는 그 은혜를 받아들이고 순종할 때

진정한 치유와 회복을 경험할 수 있다.

✍ 결단 기도

하나님, 저의 죄가 아무리 크더라도 하나님의 은혜로

덮을 수 있음을 믿고 그 은혜를 남용하지 않으며

늘 회개하고 순종하는 삶을 살게 하소서.

예수님 이름으로 기도드립니다. 아멘.

6

하나님은 왜 가인의
제사를 받지 않으셨을까?

숨겨진 이유

"가인과 그의 제물은 받지 아니하신지라 가인이
몹시 분하여 안색이 변하니" 창 4:5

〈창세기〉 4장 5절은 하나님께서 가인의 제물은 받지 않으시고 아벨의 제물만 받으셨다고 기록한다. 많은 성경 독자가 이를 읽으며 자연스럽게 한 가지 궁금증을 갖게 된다. 왜 하나님께서 가인의 제물을 받지 않으셨을까? 두 형제가 각각 제물을 드렸는데 가인의 제물은 거부되고 아벨의 제물만이 하나님께 드려졌다는 사실은 표면적으로 불공평해 보일 수 있다. 특히 성경 본문에 하나님께서 그 이유를 구체적으로 설명하지 않으셨기 때문에 독자들은 이 사건의 배경과 이유를 명확히 알기 어려워하며 당혹감을 느낄 수 있다. 가인은 첫 번째 사람 아담과 하와의 첫째 아들로서 땅의 소산을 가지고 하나님께 제물을 드렸다. 겉으로 보기에는 가인이 하나님께 드린 제물이 농작물이고 아벨은 양의 첫 새끼를 드렸기 때문에 둘의 제물이 다를 뿐이라고 생각할 수 있다. 그러나 하나님께서 왜 가인의 제사를 거부하셨는지에 대한 명확한 이유가 본문에 나타나지 않아 독자들은 혼란스러울 수 있다.

이 본문에 대한 여러 해석이 존재하지만 그중에서도 가장 널리 받아들여지는 해석은 제물 자체의 문제가 아닌 제사를 드린 사람, 즉 가인의 마음가짐과 태도에 달려 있었다는 것이다. 성경에서는 구체적으로 가인이 어떤 농산물을 드렸는지, 아벨이 어떤 양을 드렸는지에 대해 깊이 다루지 않는다. 대신 〈히브리서〉 11장 4절에서 아벨의 제사가 믿음으로 드려졌다는 것을 강조한다. "믿음으로 아벨은 가인보다 더 나은 제사를 하나님께 드림으로 의로운 자라 하시는 증거를 얻었으니"라는 구절은 아벨의 제사가 단순히 양의 첫 새끼를 드린 것에 그치지 않고, 그 제사에 담긴 아벨의 신앙과 믿음이 하나님께서 기뻐하신 요소였다는 것을 알려준다. 다시 말해, 하나님은 단순히 제물의 종류나 크기를 보신 것이 아니라 제사를 드리는 자의 믿음과 신앙 상태를 보신 것이다. 아벨은 그 제물을 드리면서 하나님을 온전히 신뢰하고 자신의 첫 열매를 드리는 마음을 표현했지만, 가인의 경우는 믿음과 순종이 부족했을 가능성이 크다.

더 나아가 〈창세기〉 4장 7절에서 하나님께서는 가인에게 "네가 선을 행하면 어찌 낯을 들지 못하겠느냐?"라고 말씀하신다. 이는 가인의 내적 상태, 즉 그가 제사를 드리는 데 있어서 올바른 마음과 태도가 부족했다는 것을 암시한다. 가인의 분노와 실망은 그의 제물이 거부된 후 즉각적으로 나타났고 이는 가인의 마음이 처음부터 하나님 앞에서 온전하지 않았다는 걸 시사한다. 여기서 중요한 점은 하나님께서 가인의 제물을 무조건적으로 거부하신 것이 아니라, 그가 올바른 믿음과 마음으로 나아오지 않았기 때문에 제물을 받아들이지 않았다는 것이다. 하나님께서는 단순히 외적인 제물의 종류에 관심을 두지 않으시고 제사를 드리는 자의 마음가짐과 태도, 믿음을 보신다.

　이 사건은 현대의 독자들에게 중요한 영적 교훈을
준다. 첫째, 하나님은 외형적인 제사나 행위보다 우리의
마음과 믿음을 보신다. 아무리 좋은 제물을 드리더라도
우리의 마음이 하나님을 향한 온전한 믿음과 순종으로
채워지지 않았다면 그 제사는 의미가 없다. 아벨의 제물
은 그의 믿음을 반영하는 제사였고, 하나님께서는 그 믿
음을 기쁘게 받으셨다. 이와 마찬가지로 우리의 예배와
헌신도 하나님께 드리는 우리의 마음가짐이 중요하다.
둘째, 우리는 하나님께 나아갈 때 그분의 뜻에 맞추어야
한다는 사실을 배운다. 가인의 실패는 하나님의 기준을
무시하고 자기 방식대로 제사를 드린 결과였다. 이는 우
리의 예배와 헌신에 있어서도 하나님께서 원하시는 방식
과 마음가짐으로 나아가야 함을 가르쳐 준다. 하나님께
서 기뻐하시는 것은 우리의 외적 행위가 아니라 그 행위
에 담긴 믿음과 순종이다.

　결론적으로, 〈창세기〉 4장 5절은 하나님께 드리는
제사의 본질이 외형이 아닌 마음과 믿음에 있다는 것을
가르쳐 준다. 따라서 가인의 이야기는 우리에게 예배와

헌신의 중심이 하나님을 향한 올바른 마음가짐에 있다는
교훈을 주며, 우리의 믿음과 순종이 중요함을 강조한다.

🔲 힐링 묵상

하나님께서는 우리의 외적인 행위보다

마음의 진실함과 믿음을 보시며,

온전한 신앙과 순종으로 나아갈 때

우리 삶에 치유와 회복의 은혜를 베푸신다.

🙏 결단 기도

하나님, 내가 외적인 행위가 아니라

진실한 믿음과 온전한 마음으로 주님께 나아가며,

순종으로 드리는 예배와 헌신을 통해

주님께 기쁨이 되는 삶을 살게 하소서.

예수님 이름으로 기도드립니다. 아멘.

| 3 장 |

삶의 고난과 신앙의 해답

1 | 인간이 정말 짐승보다 나은 존재일까?

전도서의 도전적 메시지

"인생에게 임하는 일이 짐승에게도 임하나니 이 둘에게 임하는 일이 일반이라 다 동일한 호흡이 있어 사람이 짐승보다 뛰어남이 없으니 이는 모든 것이 헛됨이로다" 전 3:19

〈전도서〉 3장 19절은 인간과 짐승이 동일하게 죽음을 맞이한다는 사실을 강조하며, 인간의 존엄성과 특별한 가치를 의심하게 만들 수 있다. 이 구절은 우리가 일반적으로 갖고 있는 '하나님의 형상대로 창조된 인간'이라는 신앙적 이해와 충돌한다. 성경은 인간이 다른 피조물과 구별되고 영원한 영혼을 지닌 특별한 존재로 묘사하지만, 이 구절은 인간이 짐승보다 뛰어나지 않다는 점을 강조한다. 이러한 내용은 독자들에게 인간의 가치를 혼란스럽게 하고 무의미함을 느끼게 할 수 있다.

〈전도서〉의 저자는 인생의 덧없음과 인간의 유한성을 강조한다. 여기서 '헛됨'으로 번역된 히브리어 '헤벨'(hebel)은 일시적이고 덧없는 것을 의미하며, 인간의 모든 노력과 성취가 결국 죽음 앞에서 무의미해진다는 걸 나타낸다. 저자는 인간이 짐승처럼 죽음을 피할 수 없는 존재라는 것을 상기시키며, 인간이 교만하지 않고 겸손하게 하나님 앞에 서도록 경고한다.

이 구절은 인간의 생명과 죽음이 하나님께 달려 있다는 것을 강조하며 우리가 스스로의 능력으로 생명과 죽음을 제어할 수 없다는 사실을 깨닫게 한다. 인간이 아무리 뛰어난 업적과 능력을 자랑할지라도 결국 짐승처럼 죽음을 피할 수 없다는 점에서 인간의 유한함을 드러낸다. 이는 인간이 스스로를 절대화하지 말고 오직 하나님을 의지하며 겸손하게 살아가야 한다는 메시지를 담고 있다. 전도서의 이러한 관점은 인간의 무력함과 제한성을 인정하게 하여 궁극적으로 하나님께 의지하도록 인도한다.

또한 이 구절은 세상의 일시적인 성공과 성취에 집착하는 삶을 경계하도록 한다. 인간이 어떤 성과를 이루더라도 그것은 죽음 앞에서는 모두 덧없으며, 참된 의미와 가치는 오직 하나님 안에서 찾을 수 있다는 것을 일깨워 준다. 전도자는 이 구절을 통해 인간이 하나님께로 돌아와 그분의 주권 아래에서 진정한 평안과 만족을 누리도록 초대하고 있다.

이 말씀을 통해 주는 몇 가지 교훈은 첫째, 겸손하게 하나님을 바라보라는 것이다. 인간의 삶과 죽음은 모두 하나님의 주권 아래 있다는 것을 인정하고 스스로의 힘이나 능력을 과신하지 말아야 한다. 우리는 연약하고 유한한 존재라는 걸 깨닫고 겸손하게 하나님을 의지하며 그분의 뜻에 따라 살아가야 한다. 둘째, 현재의 삶에 충실하라는 것이다. 인생이 유한하다는 사실은 우리로 하여금 오늘의 삶을 더 소중히 여기고 매 순간을 의미 있게 살아가도록 한다. 허망한 욕망이나 세속적인 성공을 좇기보다는 하나님께서 주신 시간을 소중히 여기고 사랑과 선행을 실천하며 살아가는 것이 중요하다.

〈전도서〉 3장 19절은 우리의 인생이 하나님 앞에서

얼마나 유한한지를 깨닫게 해주고, 교만함을 버리고 하나님을 의지하며 매 순간을 충실하게 살아가도록 도전한다.

🔝 힐링 묵상

인생과 짐승이 죽음 앞에서 동일하게 유한한 존재임을 깨달을 때,
삶의 무거운 짐에서 벗어나 하나님이 주시는
참된 평안과 치유를 누릴 수 있다.

🙏 결단 기도

하나님, 내 인생이 유한함을 깨닫고 교만을 버리며,
오직 하나님을 의지하며 매 순간을 주님의 뜻에 따라
충실하게 살아가도록 도와주소서.
예수님 이름으로 기도드립니다. 아멘.

2

돈이
신앙에 주는 시험

하나님은 어떻게 보실까?

"집 하인이 두 주인을 섬길 수 없나니 혹 이를 미워하고 저를 사랑하거나 혹 이를 중히 여기고 저를 경히 여길 것임이니라 너희는 하나님과 재물을 겸하여 섬길 수 없느니라" 눅 16:13

예수님 시대나 오늘날 사람들의 가장 큰 관심사는 물질이다. 세상에 돈을 싫어하는 사람은 없을 것이다. 사람들은 돈 때문에 서로 사랑하고 협력해야 할 가족과 친구 사이에도 금이 가고 원수가 되기도 한다. 한때 빚보증을 잘못 섰다가 어려움을 겪는 사람들도 많다. 이처럼 돈은 오늘날 사람들에게 가장 큰 영향을 주는 도구가 되었다. 오늘 성경 본문은 두 가지를 말씀하고 있다. 첫째, 하인은 두 주인을 섬길 수 없다는 것이다. 둘째, 사람은 하나님과 재물을 겸하여 섬길 수 없다는 것이다. 〈누가복음〉의 저자가 이렇게 말하는 이유는 무엇일까?

먼저 예수님 당시 '노예'는 주인의 소유물로 여겨졌다. 그들에게는 오로지 충성과 맹종만이 요구되었다. 당시에는 한 노예를 여러 사람이 공동으로 소유하는 경우도 있었다. 그러다 보니 노예는 자연스럽게 자신의 마음이 가는 주인이 있었을 것이고, 그 주인을 향하여 더 열심히 충성할 수밖에 없었다. 예수님은 이러한 상황을 지적하신 것이다. 만약 한 회사의 직원이 자신이 입사한 회사 외에 다른 회사에도 충성을 다한다면 여러 문제가 발생할 것이다. 마찬가지로 하인은 한 주인만을 섬겨야 한다. 여기서 하인은 믿음의 사람들을 비유하고, 주인은 하나님과 재물을 비유한다.

그렇다면 왜 주인의 자리에 하나님과 재물을 두었을까? 동서고금을 막론하고 인간이 돈보다 더 좋아하고 추앙했던 것이 있었을까? 모든 인간은 물질 앞에서 약해지기 마련이다. 예수님 당시 신앙생활을 잘하고 있다고 자부하던 바리새인들도 실상은 하나님보다 돈을 더 사랑

했다. 그들은 돈을 좋아했고, 자신들이 누리는 풍요로움과 부를 하나님께서 주신 축복이라고 믿었기 때문에 재물과 하나님을 동시에 섬기려고 했다. 오늘날에도 많은 사람이 물질의 부를 하나님의 축복과 연결 짓는다. 이를 '기복주의'라고 부른다.

바리새인들과 권력자들은 자신들의 사회적 특권을 이용하여 재물을 축적하였고, 스스로 옳다고 여겼다. 〈누가복음〉 16장 19절 이하에서 저자는 부자와 거지 나사로의 이야기를 통해 바리새인들의 위선을 꼬집는다. 바리새인들은 재물과 하나님을 동시에 섬길 수 있다고 믿었으나 이는 불가능한 일이다. 왜냐하면 재물은 섬김의 대상이 아니라 정당하게 소유하고 사용해야 할 대상이기 때문이다. 기독교인들은 청지기로서 자신에게 맡겨진 재물을 자신의 삶뿐만 아니라 하나님을 영화롭게 하며 이웃을 사랑하고 섬기는 일에 사용해야 한다.

본 말씀을 우리 삶에 적용해 보면 첫째, 우리는 재물에 마음을 빼앗기지 말아야 한다. 물질적 축복은 하나님께로부터 오는 것이지만 그것이 우리의 삶의 목적이 되어서는 안 된다. 둘째, 우리는 청지기의 역할을 맡은 자로서 재물을 나 자신만을 위해 사용하는 것이 아니라 하나님과 이웃을 섬기는 도구로 사용해야 한다. 셋째, 우리는 하나님께 온전한 헌신과 우선순위를 두어야 한다. 하나님을 섬기는 데 있어서 다른 것은 결코 그 자리를 대신할 수 없으며, 재물은 하나님을 섬기는 도구로만 사용되어야 한다.

결론적으로, 하나님과 재물을 동시에 섬기는 것은 불가능하다. 하나님과 재물의 요구가 서로 일치할 수 없기 때문이다. 하나님은 전적인 헌신과 희생을 요구하신다. 반면 재물은 자기 확장과 자기주장을 요구한다. 바리새인들은 하나님 나라와 하나님의 백성을 위해 자신을 헌신하고 희생할 마음이 없었다. 오늘날 우리도 스스로에게 물어보아야 한다. 내게 재물은 어떤 의미인가?

📖 **힐링 묵상**

하나님과 재물 사이에서 갈등할 때, 전적으로 하나님께
헌신하고 의지하면 진정한 치유와 평화를 경험할 수 있다.

🖐 결단 기도

하나님, 재물이 아닌 주님만을 섬기며,

제 삶의 모든 것을 주님의 뜻에 따라 사용하도록

온전한 헌신과 순종의 마음을 주옵소서.

예수님 이름으로 기도드립니다. 아멘.

3

고난 속에서 하나님께 영광을 돌려야 하는 이유는?

신앙의 역설

> "만일 그리스도인으로 고난을 받으면 부끄러워 하지 말고 도리어 그 이름으로 하나님께 영광을 돌리라" 벧전 4:16

인생을 살아가면서 누구나 겪게 되는 공통적인 일이 있다. 그것은 바로 고난이다. 이 세상에 살아가면서 고난이나 고통을 당하지 않는 사람은 단 한 사람도 없다. 나는 목회나 상담을 하면서 이 땅에서 근심과 걱정, 어려움 없이 사는 사람을 단 한 번도 본 적이 없다. 물론 그럼에도 불구하고 기쁨과 평안 가운데 살아가는 신앙인들도 있다. 하지만 그들도 삶의 문제가 없어서 기뻐하고 평안한 것이 아니라 그 삶의 문제를 하나님 안에서 지혜롭게 감당하고 대처하기 때문에 잘 이겨나갈 뿐이다.

오늘 말씀을 읽는 많은 독자가 위 구절을 읽으면서 두 가지 생각을 떠올릴 것이다. 첫째는 고난 중에 불평하거나 혹은 부끄러워하지 않고 지낼 수 있을까? 하는 것이다. 둘째는 고난을 당하면서 어떻게 하나님께 영광을 돌리는 삶을 살 수 있는가? 하는 것이다.

오늘 말씀은 로마제국의 기독교 대박해가 있었던 기원후 약 60년대가 배경이다. 당시 네로 황제나 로마제국은 기독교인을 극심하게 박해하였다. 그래서 오늘 말씀에 나오는 것처럼 "만일 그리스도인으로"라는 말은 그리스도인으로 칭함 받는 것이 결코 좋은 의미가 아닌 것이다. 우리말로 하면 '예수쟁이' 혹은 예수를 믿는 사람에 대한 경멸적 표현이다. 요즘 한국 사회에서도 청소년들이나 청년들에게 '기독교인'은 그리 좋은 의미로 받아들여지지 않는다. 자 이런 시대적 상황 가운데서 '그리스도인'으로 불리면서 고난을 당하게 되면 좋지 않은 시선을 받게 되어 부끄러움을 느낄 수밖에 없다. 그래서 바로 이 앞 절 말씀인 〈베드로전서〉 4장 15절은 부끄러운 일로 고난받지 말라고 말씀한다. "너희 중에 누구든지 살인이나 도둑질이나 악행이나 남의 일을 간섭하는 자로 고난을 받지 말려니와."

우리는 쉽게 고난받는다고 말한다. 하지만 우리의 고난이 예수 그리스도의 이름 때문에 받는 고난인지, 아니면 우리 삶의 실수로 겪는 고난인지를 구분해야 한다. 예수 그리스도의 이름 때문에 고난을 받는다면 기뻐하라고 말씀한다. 그 이유는 우리가 고난당할 때 하나님의 영이 우리와 함께하시기 때문이다(벧전 4:14). 또한 마지막 심판 때에 예수 그리스도와 함께 우리에게 구원이 주어지기 때문이다(벧전 4:13). 쉽게 말해서 예수님 때문에 고난을 당하면 반드시 하나님께서 우리에게 구원의 상을 주신다. 그래서 우리는 예수 때문에 받는 고난이라면 고난 중에 기뻐해야 한다.

고난 중에 하나님께 영광을 돌리는 방법을 이해하는 데에 심리학에서 말하는 '외상 후 성장'(Post-Traumatic Growth) 이론이 큰 도움이 될 수 있다. 이 이론에 따르면 인간은 고통과 외상을 겪은 뒤에 무너지는 것이 아니라 오히려 더 깊은 성찰과 성장을 경험할 수 있다고 한다.

이와 마찬가지로 성경에서도 외상 후 성장을 통해 하나님께 영광을 돌린 인물을 찾아볼 수 있는데, 대표적인 인물이 바로 요셉이다. 요셉은 형들의 배신으로 인해 종으로 팔려 가고, 억울하게 누명을 써 감옥에 갇히는 극심한 고난을 겪었다. 그러나 요셉은 그 고난 속에서 절망하지 않고 끝까지 하나님을 신뢰하며 살았다. 그는 고난을 통해 더욱 겸손해졌고 지혜와 통찰을 얻게 되었으며, 결국 하나님의 인도하심으로 애굽의 총리 직에 오르게 되었다. 요셉의 외상 후 성장은 단지 개인적인 성장을 넘어서 하나님의 위대한 계획을 이루는 도구로 사용되었다. 요셉은 자신의 고난을 통해 새로운 삶의 통찰과 변화를 경험했다. 그는 형들을 용서하는 마음을 가졌고, 이로 인해 가족과의 화해와 회복이 이루어졌다. 요셉은 고난 속에서도 하나님을 바라보며 끝까지 신실하게 행했다. 그 결과로 그의 삶은 하나님께 영광을 돌리는 도구가 되었다. 요셉은 자신의 고백을 통해 "당신들은 나를 해하려 하였으나 하나님은 그것을 선으로 바꾸사"(창 50:20)라고 말하며 자신이 겪은 고난이 하나님께서 역사하시는 과정이라고 고백했다. 외상 후 성장의 핵심은 고난을 통해 더 나은 인간으로 성장하는 것인데 요셉은 이러한 성장을 통해 하나님께 영광을 돌렸다.

고난 속에서 하나님께 영광을 돌리는 삶을 살기 위해 우리는 몇 가지 실천적인 교훈을 마음에 새겨야 한다. 첫째, 고난이 닥쳐 올 때 불평하지 말고 고난을 통해 하나님께서 주시고자 하는 뜻을 찾아야 한다. 고난은 우리에게 성숙과 새로운 통찰을 주는 도구이기 때문에 이를 통해 하나님께 더 가까워질 수 있다. 둘째, 고난 중에도 기쁨을 잃지 말고 하나님을 신뢰하며 끝까지 인내하는 태도를 가져야 한다. 하나님은 우리의 고난 속에서도 함께하시며, 우리에게 구원의 상을 예비하신다. 셋째, 고난이 우리의 삶을 변화시키고 하나님의 뜻을 이룰 수 있는 기회라는 것을 믿어야 한다. 요셉처럼 고난 속에서도 하나님께 신실하게 반응할 때 하나님께서 우리의 삶을 통해 큰일을 이루신다.

🔲 힐링 묵상

고난 속에서도 하나님을 바라보며 믿음으로 나아갈 때

고난은 오히려 새로운 기쁨과 은혜를 경험하게 하는

치유와 회복의 기회가 된다.

🙏 결단 기도

하나님, 고난 속에서도 주님의 계획을 신뢰하며,

나의 삶을 통해 하나님께 영광을 돌리게 하소서.

예수님 이름으로 기도드립니다. 아멘.

4

유혹과 시험은
어떻게 다를까?

혼동되는 개념에 대한 분명한 해답

"내 형제들아 너희가 여러 가지 시험을 당하거
든 온전히 기쁘게 여기라" 약 1:2

야고보 사도 당시 기독교인들은 로마제국으로부터 다양
한 위협과 도전을 받았다. 오늘날 우리 성도들의 삶도 마
찬가지다. 그런데 야고보 사도는 여러 가지 시험을 당할
지라도 기쁘게 여기라고 말한다. 이 구절에는 두 가지 의
미가 있다. 첫째, 시험에는 여러 가지 종류가 있다. 둘째,
시험을 기쁘게 여기라는 것은 그 끝에 좋은 결과가 있기
때문이다.

한 교우로부터 두 개의 성경 구절이 모순된다고 질문을 받은 적이 있다. 첫 번째는 〈야고보서〉의 말씀이다. "사람이 시험을 받을 때에 내가 하나님께 시험을 받는다 하지 말지니 하나님은 악에게 시험을 받지도 아니하시고 친히 아무도 시험하지 아니하시느니라"(약 1:13). 두 번째는 〈창세기〉의 말씀이다. "그 일 후에 하나님이 아브라함을 시험하시려고 그를 부르시되 아브라함아 하시니 그가 이르되 내가 여기 있나이다"(창 22:1). 〈야고보서〉는 하나님은 아무도 시험하지 않는다고 말하지만, 〈창세기〉는 하나님이 아브라함을 시험하셨다고 하니 모순처럼 보인다. 이 문제를 해결하려면 한글 성경에 번역된 '시험'이라는 단어가 문맥에 따라 다양한 의미를 지닌다는 사실을 이해해야 한다.

먼저 〈야고보서〉 1장 2절에서 말하는 '시험'은 헬라어 '페이라스모스'(πειρασμός)에서 유래한 단어로, '시험'(test), '시련'(trial), '유혹'(temptation)과 같은 다양한 의미가 있다. 성경은 이 세 가지 유형의 시험을 모두 '시험'이라는 단어로 표현한다. 〈야고보서〉 1장 2절에서의 '시험'은 '시련' 또는 '고난'의 의미를 포함한다. 반면 〈야고보서〉 1장

13절 "사람이 시험을 받을 때에 내가 하나님께 시험을 받는다 하지 말지니 하나님은 악에게 시험을 받지도 아니하시고 친히 아무도 시험하지 아니하시느니라"에서의 '시험'은 '유혹'을 의미한다. 유혹은 사람을 넘어뜨리려는 것이다. 하나님은 인간을 유혹하여 무너지게 하시는 분이 아니다. 그래서 야고보 사도는 1장 14절에서 인간이 유혹을 받는 이유는 자신의 욕심 때문이라고 설명한다. 유혹은 사탄이 주는 것이다. 〈마태복음〉 4장 1절에 나오는 "예수께서 성령에게 이끌리어 마귀에게 시험을 받으러 광야로 가사"의 시험은 사탄이 주는 유혹이다. 사탄은 예수님뿐만 아니라 모든 인간을 파괴하고 죄로 넘어뜨리려는 의도를 가지고 있다.

반면 〈창세기〉 22장 1절에서의 '시험'은 '유혹'이 아니다. 이는 아브라함의 믿음을 확인하고 입증하기 위한 '테스트'(Test)의 의미가 있다. 하나님은 아브라함의 성숙함과 순종의 믿음을 확인하시기 위해 그를 시험대에 올리신 것이다. 따라서 우리는 시험의 근원과 종류를 잘 파악해야 한다. 외부적 환경의 고난, 내적 욕심의 유혹, 또는 하나님께서 주시는 시험 등 어떤 것이든 우리가 잘 감당하면 그것은 유익한 '시련'이 될 수 있다.

야고보 사도는 어떤 종류의 시험이라도 믿음을 가지고 잘 이겨내면 인내가 생기고, 그 인내가 쌓이면 온전하고 부족함 없는 성숙한 존재가 된다고 말한다. 시험을 기쁘게 여길 수 있는 이유는 그것을 통과할 때 우리 삶이 성장하고 유익하게 되기 때문이다. 최근 심리학의 '외상 후 성장'(Post-Traumatic Growth) 이론은 성경의 이 말씀을 과학적으로 증명한다. 우리 삶에 일어나는 외상(trauma)은 부정적인 것이 아니라 오히려 성장을 촉진하는 촉매제가 될 수 있다. 삶의 아픔과 고난은 새로운 길로 우리를 이끌고, 그 과정을 통해 성숙한 삶에 이르게 되며, 성숙한 삶은 결국 상처를 치유하고 변화를 가져온다.

이처럼 시험을 기쁘게 여길 수 있는 이유는 그것을 통해 우리가 성장하고 성숙할 수 있기 때문이다. 따라서 이 말씀을 우리의 삶에 적용해 보면 몇 가지 중요한 교훈을 얻을 수 있다. 첫째, 우리는 시험을 당할 때 그것이 우리를 넘어뜨리려는 유혹인지, 우리의 믿음을 연단하는 시련인지를 구별할 수 있어야 한다. 유혹은 사탄이 주는 것이며, 하나님께서 주시는 시험은 믿음을 더 강하게 한다. 둘째, 고난과 시련을 겪을 때 불평하거나 낙담하지 말고 그것을 통해 하나님께서 우리를 성장시키고 계신다는 것을 믿고 기뻐해야 한다. 시험은 단순한 고통이 아니라 우리를 성숙하게 만드는 도구이기 때문이다. 셋째, 유혹과 시험을 이길 수 있는 힘은 하나님께 있다. 시험이 올 때 우리는 스스로의 힘이 아닌 하나님의 도우심을 구하고 기도로 그분의 인도하심을 간구해야 한다.

결론적으로, 시험과 유혹은 그 본질이 다르다. 시험은 하나님께서 우리를 성장시키기 위해 허락하시는 것이고, 유혹은 사탄이 우리를 넘어뜨리기 위해 주는 것이다. 그러나 우리가 이 시험을 믿음으로 잘 감당하고, 유혹을 이겨낼 때, 하나님은 우리를 더욱 온전하고 성숙한 믿음의 사람으로 만들어 주실 것이다.

📖 **힐링 묵상**

시험과 유혹을 믿음으로 잘 감당하면, 고난은 우리를 더욱
성장하게 하고, 그 성장은 결국 우리의 삶을 치유하는 은혜가 된다.

🙏 결단 기도

하나님, 고난과 시련 속에서도 기쁨으로 이 시험을 감당하고

믿음으로 승리하게 하소서.

예수님의 이름으로 기도드립니다. 아멘.

5 | 모든 죄는 용서받을 수 있을까?

기독교 용서에 대한 오해와 진실

> "우리는 그리스도 안에서 그의 은혜의 풍성함을 따라 그의 피로 말미암아 속량 곧 죄 사함을 받았느니라" 엡 1:7

넷플릭스 드라마 〈더 글로리〉는 학교 폭력 문제를 다루며 대중의 큰 관심을 끌었다. 그중에서도 대형교회 목사의 딸 '이사라'가 폭력 가해자로 등장해 피해자 앞에서 "나는 하나님한테 용서받았거든"이라고 말하는 장면은 많은 이에게 큰 충격을 주었다. 기독교인들뿐만 아니라 비기독교인들도 이 장면을 통해 '기독교의 하나님은 무슨 짓을 해도 용서해 주시는 분인가?'라는 의문을 품을 수 있다.

오늘의 본문 〈에베소서〉 1장 7절은 예수 그리스도의 은혜로 말미암아 모든 죄가 용서받을 수 있다는 사실을 말씀한다. 그렇다면 〈더 글로리〉의 '이사라'처럼 하나님께 기도하면 그 어떤 죄라도 용서받을 수 있다는 의미일까?

이와 유사한 또 다른 사례는 영화 〈밀양〉에서 찾아볼 수 있다. 주인공 신애는 아들을 유괴한 범인을 찾아가 용서를 베풀기 위해 감옥을 방문하지만, 그 범인은 이미 예수님을 믿고 죄용서함을 받았다고 말한다. 그 말을 들은 신애는 충격과 분노를 느끼며 하나님께서 자신이 용서할 기회마저 빼앗아 갔다고 절규한다.

이 두 사례는 죄 용서에 대한 기독교의 가르침을 깊이 생각하게 한다. 과연 기독교의 하나님은 죄를 저지른 사람이 용서를 구하기만 하면 그 죄를 쉽게 용서하시는 분일까? 오늘 본문인 〈에베소서〉 1장 7절은 우리가 예수 그리스도의 은혜로 죄 사함을 받을 수 있다는 사실을 강조하지만, 이 말씀은 오해의 소지가 다분하다.

성경에서 말하는 죄는 단순히 윤리적·도덕적 법을

어긴 것을 의미하지 않는다. 성경이 말하는 죄의 본질은 하나님과의 관계가 깨어진 상태를 가리킨다. 인간은 처음부터 하나님과 함께하는 존재로 창조되었지만 죄로 인해 하나님과의 관계가 깨어졌다. 이 죄의 상태는 인간 스스로 해결할 수 없기에 예수 그리스도의 십자가를 통해서만 해결될 수 있었다. 우리는 오직 예수님의 보혈을 통해 죄 사함을 받을 수 있다.

그러나 하나님과의 관계 회복이 사회적·윤리적 죄의 면죄부가 될 수는 없다. 하나님께 죄 사함을 받았다고 해서 그 죄의 결과나 책임이 면제되지는 않는다. 또한 진정으로 회개하고 용서받았다면 그 회개의 열매가 우리의 삶에서 나타나야 한다. 〈누가복음〉 3장 8절에서는 "회개의 합당한 열매를 맺으라"고 말씀하신다. 진정한 용서는 단순한 말이 아니라 삶의 변화로 증명되어야 한다.

드라마 〈더 글로리〉와 영화 〈밀양〉의 가해자들이 진정으로 용서를 받았다면 그들의 용서는 피해자들에게도 드러나야 한다. 단지 "나는 용서받았다"라고 말하는 것이 아니라 그 은혜가 피해자에게 미칠 수 있도록 책임을 다해야 한다. 기독교의 용서는 결코 값싼 은혜가 아니다. 하나님의 용서를 받았다면 그 은혜에 합당한 삶의 열매가 뒤따라야 한다.

이 말씀을 바탕으로 몇 가지 실천적 교훈을 얻을 수 있다. 첫째, 우리는 죄의 용서를 남용하지 말아야 한다. 하나님의 용서는 값없이 주어진 것이지만 그 가치는 우리의 삶 속에서 변화와 회개의 열매로 드러나야 한다. 둘째, 용서를 받았다고 해서 그 죄의 결과에 대한 책임이 사라지는 것은 아니다. 용서받은 죄인은 그 죄의 결과를 감당하고 하나님 앞에서 더욱 성숙한 모습으로 살아가야 한다. 셋째, 하나님께 용서받은 우리는 그 은혜를 사회와 이웃에게도 나누며 살아야 한다. 용서받은 자로서 그 은혜가 우리 삶의 모든 영역에서 드러나야 한다.

결론적으로, 모든 죄는 예수 그리스도의 십자가 은혜로 용서받을 수 있다. 그러나 진정으로 용서받은 자는 삶의 변화와 열매로 그 은혜를 증명해야 한다. 기독교의 용서는 무조건적인 면죄부가 아니다. 그것은 값싼 은혜가 아니며, 용서받은 자는 그 은혜를 삶으로 드러내야 한다.

🔖 힐링 묵상

진정한 회개와 용서는 하나님과의 관계뿐만 아니라

그 은혜가 피해자에게도 드러나야 하며,

이를 통해 참된 치유와 회복이 이루어진다.

🙏 결단 기도

하나님, 나의 죄를 용서하신 크신 은혜에 감사드리며,

그 은혜에 합당한 삶을 살며 회개의 열매를 맺기 원합니다.

예수님의 이름으로 기도드립니다. 아멘.

6

인생은 헛되다?
왜 솔로몬은
그렇게 말했을까?

전도서의 숨겨진 메시지

"전도자가 이르되 헛되고 헛되며 헛되고 헛되니
모든 것이 헛되도다" 전 1:2

내가 대학생 때, 다니던 교회의 청년부에서 한 형제가 담당 목사님께 전도서를 읽다 보니 온통 솔로몬이 헛되다고 이야기해서 세상 사는 게 헛된 것인가 하는 고민이 있다고 말한 적이 있었다. 이 이야기를 들으면서 나 또한 〈전도서〉에 담긴 메시지가 과연 무엇인지 고민하게 되었다. 많은 성도가 〈전도서〉를 읽을 때, 특히 〈전도서〉 1장 2절에서 "헛되고 헛되며 헛되고 헛되니 모든 것이 헛되도다"라는 구절을 접하며 큰 혼란을 느낀다. 하나님을 믿고 신앙생활을 하면서 세상의 가치와 의미를 찾고자 하는데, 왜 성경의 저자인 솔로몬은 모든 것이 헛되다고 선언하는 것일까? 이를 단순히 허무주의로 받아들여야 하는 것일까, 아니면 그 안에 더 깊은 의미가 담겨 있는 것일까? 이런 질문을 가지고 전도서를 읽다 보면 우리는 이 구절이 단순히 인생의 허무함을 말하는 것이 아니라 하나님 없는 세상에서 인간의 한계를 지적하는 것임을 깨닫게 된다.

'헛되다'는 히브리어로 '헤벨'이라는 단어이다. 이 단어는 '숨결'이나 '수증기'처럼 일시적이고 덧없는 것을 가리킨다. 솔로몬은 여기서 '헛되다'를 인생이 덧없고 무의미하다는 의미로 사용한 것이 아니라, 인간의 관점에서 보았을 때 세상의 모든 것이 영원하지 않고 지나가 버리는 허망한 성질이 있다는 사실을 강조하려고 사용했다. 전도서의 대부분은 하나님을 떠난 인간의 노력과 성취가 얼마나 허무한지 보여 주기 위한 것이다. 솔로몬은 세상의 부와 지혜, 쾌락을 모두 누려 본 뒤에도 만족하지 못했던 자신의 경험을 통해 인간이 궁극적인 의미와 만족을 찾을 수 없는 이유를 설명한다.

그러나 〈전도서〉 1장 2절에서 '헛됨'이라는 단어가 반복되는 것은 인생이 아무 의미가 없다는 허무주의를 주장하는 것이 아니다. 오히려 하나님 없는 삶이 얼마나 무의미할 수 있는지를 고발하고, 하나님과의 관계 안에서만 참된 의미를 찾을 수 있다는 것을 암시한다. 솔로몬은 이후의 장들에서 이 헛된 세상 속에서도 하나님을 경외하고 그분의 명령을 따르는 것이야말로 인간이 해야할 가장 중요한 일이라고 결론을 내린다(전 12:13).

〈전도서〉 1장 2절은 우리에게 중요한 영적 교훈을 제공한다. 인간의 노력이나 성취는 결국 일시적이고 덧없는 것이며, 세상적인 부나 쾌락, 명예로는 진정한 만족을 얻을 수 없다는 것을 일깨워 준다. 우리는 오직 하나님과의 관계 속에서 참된 삶의 의미를 찾을 수 있다. 그분을 경외하고 그분의 뜻대로 사는 삶만이 우리에게 영원한 가치를 가져다 준다.

오늘 본문을 통해 삶에 적용할 수 있는 실천적인 몇 가지 교훈을 살펴보자. 첫째, 세상에서의 성공이나 성취에 너무 집착하지 말고 하나님과의 관계를 우선순위에 두는 삶을 살아야 한다. 둘째, 인생의 덧없음을 인정하고 매 순간 하나님 안에서 의미 있게 살아가도록 노력해야 한다. 셋째, 불확실한 세상 속에서도 영원히 변하지 않는 하나님의 사랑과 은혜를 신뢰하며 살아가야 한다.

✝ 힐링 묵상

모든 것이 헛되게 느껴질 때 하나님 안에 거하면
하나님께서 우리에게 참된 의미와 평안을 주시며,
우리는 영혼의 위로와 안식을 누리게 된다.

🤲 결단 기도

하나님, 세상의 헛된 것들에 집착하지 않고
오직 주님 안에서 참된 의미와 평안을 찾으며,
주님의 뜻에 따라 살아가기를 결단합니다.
예수님의 이름으로 기도드립니다. 아멘.

| 4 장 |

예수님의 가르침과
복음의 역설

1

마음속 생각도 죄가 될 수 있을까?

예수님의 가르침

> "나는 너희에게 이르노니 음욕을 품고 여자를 보는 자마다 마음에 이미 간음하였느니라" 마 5:28

이 구절은 많은 사람, 특히 청소년이나 청년 남성들에게 깊은 죄책감을 불러일으키는 말씀이다. 실제로 많은 청년이 신앙적 고민의 시작점으로 이 구절을 꼽으며, 상담 중에도 이 말씀 때문에 갈등과 혼란을 겪고 있다는 이야기를 자주 듣게 된다. 예수님께서 단순한 행동이 아니라 마음의 상태까지 죄로 간주하신 이 말씀은 사람들에게 높은 윤리적 기준을 제시하는데, 그 의도를 이해하기 쉽지 않다.

이 구절이 독자들에게 어려운 이유는 예수님께서 단순한 외적 행위가 아닌 마음속의 욕망을 간음으로 규정하셨기 때문이다. 일반적으로 간음은 외적인 행동을 의미하지만 예수님은 마음속의 성적 욕망조차도 죄로 간주하신다. 이는 성도들에게 일상적인 생각조차 죄로 인식될 수 있다는 부담을 주며, 죄의 범위를 더 넓게 설정하시는 것처럼 느껴질 수 있다. 특히 성적 유혹을 느끼는 상황에서 이를 무조건 죄로 여길 경우 죄책감이 들며 신앙생활의 어려움을 겪게 된다. 한 연구에 따르면, 많은 남성이 이성에 대한 성적 욕망으로 상상한 경험이 있으며, 이 성경 구절로 인해 심한 죄책감을 느낀다고 보고하고 있다.

예수님은 〈마태복음〉 5장 28절에서 구약의 십계명 중 "간음하지 말라"라는 계명을 마음의 상태로까지 확장하셨다. 이는 율법의 외적 기준을 넘어 내면의 동기와 욕망까지 다루시면서 경건한 삶을 강조하신 것이다. "음욕을 품다"는 단순히 성적 끌림을 느끼는 것이 아니라 의도적으로 상대를 성적 대상으로 바라보며 지속적인 욕망을 품는 것을 의미한다.

예수님은 내면의 순결함이 외적 행동만큼이나 중요하다는 것을 강조하시며, 성적 유혹이 아닌 마음의 고의적 유혹을 경계하라고 하신 것이다. 이는 인간의 본성을 부정하거나 억압하라는 것이 아니라 마음에서부터 죄를 다스리고 정결한 마음을 유지하라는 윤리적 기준을 제시한 것이다. 그뿐만 아니라 당시 내면의 경건을 무시하고 외적인 경건에만 힘쓴 바리새인들 및 위선적 신앙인에 대한 경고와 지적의 말씀이기도 하다.

본 말씀을 우리 삶 가운데 적용해 보면 다음과 같은 교훈점들이 있다. 첫째, 마음의 정결을 유지해야 한다. 예수님은 우리에게 외적인 행위뿐만 아니라 내면의 상태까지도 정결하게 지키라고 가르치신다. 우리의 마음과 생각이 하나님 앞에서 정결함을 유지하는 것이 중요하다. 둘째, 생각을 제어하는 훈련이 필요하다. 유혹은 누구에게나 다가올 수 있지만, 이를 고의적으로 품고 지속적으로 생각하는 것은 피해야 한다. 유혹을 느낄 때, 즉시 하나님께 나아가 생각을 제어하는 훈련이 필요하다. 셋째, 죄의 근원을 인식해야 한다. 모든 죄는 마음에서 시작된다. 우리의 생각과 욕망이 잘못된 방향으로 흘러가지 않도록 마음을 지키는 것이 중요하다. 내면의 상태를 항상 점검하고 죄가 마음속에서 자라나지 않도록 경계해야 한다.

결론적으로, 〈마태복음〉 5장 28절은 우리의 마음과 생각까지도 하나님의 기준에 맞게 지켜야 한다는 가르침을 준다. 이 말씀을 통해 우리는 자신의 내면을 돌아보고 죄를 경계하며, 정결한 마음을 유지하는 신앙의 태도를 배워야 할 것이다.

🔲 힐링 묵상

마음의 정결함을 유지하고 유혹을 다스릴 때 내면의 평안을 경험하며, 하나님 안에서 치유와 회복을 경험할 수 있다.

🖐 결단 기도

주님, 제 마음과 생각까지도 주님의 뜻에 맞게 지켜 정결하게 하며, 유혹을 이기고 주님 앞에서 온전한 삶을 살기를 결단합니다. 예수님의 이름으로 기도드립니다. 아멘.

2 | 왼편 뺨까지 맞으라니, 예수님의 의도는?

폭력에 맞서는 예수님의 방법

> "나는 너희에게 이르노니 악한 자를 대적하지 말라 누구든지 네 오른편 뺨을 치거든 왼편도 돌려 대며" 마 5:39

이 구절은 예수님의 산상수훈 중 하나로, 문자적으로 이 해하면 매우 도전적인 말씀이다. 예수님은 폭력적 상황에서 저항하지 말고 더 큰 피해를 감수하라고 말씀하시기 때문이다. 현대 사회에서는 이 말씀이 정의와 자존심을 무너뜨리고 부당한 공격에 노출되는 것처럼 느껴질수 있다. 그래서 많은 성도가 혼란을 겪는다.

일반적으로 이 구절은 불의에 저항하지 말고 수동

적으로 받아들이라는 인식으로 이해된다. 폭력적이거나 부당한 상황에서도 스스로를 보호하지 말라는 의미로 받아들여지기 쉽다. 그래서 오해를 낳는다. 성도들은 사회적 정의와 개인의 권리 관점에서 이 구절을 볼 때 "왼편도 돌려 대는 것"이 불의한 공격을 묵인하는 것처럼 느낄 수 있다. 현대 문화와 관습에서는 대부분의 사람이 폭력이나 억압에 저항할 필요성을 느낀다. 그래서 이 구절의 문자적 해석은 극단적이고 비현실적으로 다가온다.

그러나 이 구절은 신체적 폭력 대응이 아니라 새로운 윤리적 패러다임을 설명한다. 예수님은 구약의 "눈에는 눈, 이에는 이"라는 보복의 법칙과 대조되는 말씀을 하신다. 보복의 악순환을 끊고, 평화와 용서를 제시하신다.

당시 오른편 뺨을 치는 행위는 상대의 명예를 손상하는 행동이었다. 이는 주로 더 높은 사회적 지위의 사람이 낮은 지위의 사람에게 가하는 수치스러운 행위였다. 예수님의 "왼편도 돌려 대라"는 말씀은 비굴함을 권장하는 것이 아니다. 오히려 상대가 의도한 모욕을 거부하는 평화적 저항을 의미한다. 이는 폭력에 대한 비폭력적 대응을 통해 악순환을 끊고 더 높은 도덕적 기준을 세우려는 것이다.

이 구절은 문자적으로 폭력을 감수하라는 의미가 아니다. 더 깊은 평화와 용서를 실천하라는 가르침이다. 예수님은 우리가 폭력과 억압에 직면했을 때 동일한 방식으로 보복하지 않도록 도전하신다. 이를 통해 갈등의 악순환을 멈추고 더 나은 관계를 형성하도록 하신다.

이 말씀을 삶에 적용할 때 첫째, 용서와 평화의 자세를 유지해야 한다. 보복보다 용서를 실천해야 한다. 보복은 더 큰 갈등을 초래하기 때문이다. 예수님은 용서와 평화를 통해 참된 승리를 거두라고 하신다. 둘째, 비폭력적 저항의 힘을 기억해야 한다. 단순히 수동적으로 수용하라는 것이 아니다. 불의에 직면했을 때 비폭력적으로 저항할 수 있다. '왼편을 돌려 대는 것'은 상대의 폭력과 수치심을 드러내고 부당함을 노출시키는 방법이다. 셋째, 내적 성숙과 사랑의 태도를 지녀야 한다. 타인의 부당한 행동에 대한 즉각적 보복보다 더 깊은 사랑과 인내로 문제를 해결해야 한다. 이를 통해 예수님의 사랑을 본받고 영적 성장을 이루어야 한다.

결론적으로, 〈마태복음〉 5장 39절은 우리에게 용서

와 평화를 실천하며 더 높은 도덕적 기준을 세우라고 가르친다. 예수님의 가르침에 따라 불의에 대응하고, 사랑과 인내로 더 성숙한 신앙인의 모습을 갖추어야 한다.

✝ 힐링 묵상

폭력과 불의에 직면할 때 예수님의 가르침인

비폭력적 대응과 용서를 실천함으로써

내면의 치유와 관계의 회복을 이루는 평화의 길을 제시한다.

🙏 결단 기도

주님, 불의와 억압에 맞설 때 보복이 아닌 용서와 평화를 선택하고

예수님의 사랑을 실천하는 삶을 살기로 결단합니다.

예수님의 이름으로 기도드립니다. 아멘.

3 용서 받을 수 없는 죄는 무엇일까?

예수님의 경고

"그러므로 내가 너희에게 이르노니 사람에 대한 모든 죄와 모독은 사하심을 얻되 성령을 모독하는 것은 사하심을 얻지 못하겠고" 마 12:31

〈마태복음〉 12장 31절은 '성령 모독죄'로 자주 언급되는 구절이다. 많은 독자가 이 말씀을 이해하기 어려워한다. 성령을 모독하는 죄가 무엇인지 분명히 알기 어렵고, 자신이 이 죄를 범했을까 봐 두려워하는 경우도 많다. 또한 성경에서 하나님은 자비롭고 죄를 용서하시는 분으로 묘사되는데, 왜 '성령 모독'이라는 특정한 죄만은 용서받을 수 없다고 말씀하시는지 혼란스럽게 느낄 수 있다.

성령을 모독하는 죄가 무엇일까? 〈마태복음〉 12장 31절 맥락을 보면, 예수님이 성령의 능력으로 병자를 고치고 귀신을 쫓아내셨다. 그런데 바리새인들이 이를 보고 "이 사람이 귀신의 왕 바알세불을 힘입어 귀신을 쫓아낸다"며 비난했다.

"그때에 귀신 들려 눈멀고 말 못 하는 사람을 데리고 왔거늘 예수께서 고쳐 주시매 그 말 못 하는 사람이 말하며 보게 된지라 무리가 다 놀라 이르되 이는 다윗의 자손이 아니냐 하니 바리새인들은 듣고 이르되 이가 귀신의 왕 바알세불을 힘입지 않고는 귀신을 쫓아내지 못하느니라 하거늘"(마 12:22-24).

그들은 성령님의 사역을 악령의 힘으로 돌리며 하나님의 구원 역사를 왜곡했다. 신학적으로 '성령 모독'은 성령님의 분명한 역사와 증거를 지속적으로 왜곡하고 거부하는 불신앙의 태도를 가리킨다. 이는 일시적인 의심이나 실수가 아닌 하나님의 구원 계획을 거부하는 고의적이고 완고한 불신을 의미한다. 성령님은 하나님의 구원 사역을 이 땅에서 이루시는 분이다. 성령님의 역사를 부인하는 것은 곧 하나님의 구원을 거부하는 것이다. 그래서 성령을 모독하는 죄는 용서받지 못한다고 말씀하신 것이다.

〈마태복음〉 12장 31절은 우리에게 두려움을 주는 말씀이 아니다. 성령님의 역사에 대해 진지하게 생각하게 하고 경각심을 일깨우는 말씀으로 이해해야 한다. 성령 모독죄는 실수나 의심으로 인한 것이 아니다. 성령님의 역사를 명백히 보면서도 이를 왜곡하거나 거부하는 고의적인 태도를 뜻한다. 그러므로 성도들은 이 말씀을 통해 성령님의 사역을 인정하고 하나님의 구원을 기쁨으로 받아들이는 신앙을 갖추는 게 중요하다.

이 말씀을 실천적으로 적용해 본다면 첫째, 성령님의 인도하심을 민감하게 받아들이는 태도가 필요하다. 우리는 성령의 역사를 바로 인식하고 그분의 인도에 따라 우리의 신앙을 바르게 세워야 한다. 둘째, 영적 분별력을 가지고 성령의 사역을 왜곡하거나 거부하지 않는 자세가 중요하다. 우리가 잘못된 신앙적 판단을 하지 않도록 항상 깨어 있어야 한다. 셋째, 하나님 앞에서 겸손한 마음으로 성령님의 지혜와 능력을 구하며 살아가야 한다.

결론적으로, 용서받을 수 없는 죄는 성령을 모독하는 것으로, 이는 성령님의 분명한 역사를 부인하고 왜곡하는 태도를 의미한다. 다시 말해, 하나님의 구원을 끝까지 거부하는 행동이다. 성도들은 이 말씀을 통해 성령님의 인도하심에 민감하게 반응하고, 하나님의 구원을 진심으로 받아들이는 믿음의 태도를 가져야 한다.

✝ 힐링 묵상

하나님의 구원을 거부하는 것은 용서받을 수 없는 죄이지만,

성령님의 음성에 순종하여 회개하는 자에게는

치유와 회복의 은혜가 임한다.

🙏 결단 기도

주님, 성령님의 인도하심을 거부하지 않고

항상 겸손하게 받아들이며,

하나님의 구원 안에서 믿음으로 살아가기로 결단합니다.

예수님의 이름으로 기도드립니다. 아멘.

4

왜 억지로라도
용서해야 할까?

용서에 담긴 깊은 의미

"우리가 우리에게 죄지은 자를 사하여 준 것 같이 우리 죄를 사하여 주시옵고" 마 6:12

이 본문은 예수님께서 가르쳐 주신 기도의 일부이다. 예수님은 이 기도를 통해 용서의 중요성을 강조하신다. 본문에 나오는 '죄'라는 헬라어 단어는 '오페이레마타'(ὀφειλήματα)이다. 이 단어의 본래 의미는 경제적 용어로 '빚'이나 '부채'이다. 즉, 원문의 의미는 죄가 아닌 '빚'을 사하여 달라는 뜻이다. 영어 성경은 원문에 더 가까운 표현을 사용하고 있다. 'Forgive us our debts, as we also have forgiven our debtors"(NIV). 당시 유대인들은 관습적으로 빚을 죄로 간주했다. 따라서 정확한 의미는 "우리가 우리에게 빚진 자들을 용서한 것처럼 우리의 빚도 용서해 달라"는 기도이다.

이 기도문에서 두 가지 의문이 생긴다. 첫째, 사람들은 과연 자신에게 빚진 자들을 잘 용서할 수 있을까? 둘째, 우리가 우리에게 죄지은 자를 용서한 것처럼 하나님도 우리 죄를 용서해 달라는 기도가 마치 하나님의 용서가 인간의 용서를 기준으로 삼는 것처럼 보인다.

사실 인간은 용서하기가 매우 어렵다. '내적 치유 학교'나 '상담'을 통해 용서를 결심한 사람도 시간이 지나면 다시 용서하지 못하겠다고 고백하는 경우가 많다. 그만큼 가해자를 용서한다는 것은 쉬운 일이 아니다. 성경은 이러한 인간의 약함을 알고 강제로라도 용서를 규정하고 있다. "매 칠 년 끝에는 면제하라. 면제의 규례는 이러하니, 그의 이웃에게 꾸어준 모든 채주는 그것을 면제하고, 그의 이웃에게나 그 형제에게 독촉하지 말지니, 이는 여호와를 위하여 면제를 선포하였음이라"(신 15:1-2). 〈신명기〉는 매 7년마다 채권자는 채무자를 용서하도록 강제적으로 규정하고 있다. 인간이 스스로 용서하기 어려운 것을 알기에 성경은 강제적으로 용서를 명령한다.

또한 용서의 대상은 '우리' 곁에 있는 사람들이다. 성경이 말하는 용서의 대상은 거창한 적이나 원수가 아니다. 가까이 있는 가족, 교회 성도들, 직장 동료들이 용서의 대상이다. 멀리 있는 사람에게 상처받거나 빚을 지는 경우보다 가까운 사람에게 상처를 주고 빚을 지는 경우가 많기 때문이다.

그렇다면 하나님의 용서는 인간의 용서를 전제로 하는 것인가? 오늘 본문을 잘못 읽으면, "우리가 용서하니 하나님도 우리를 용서해 주셔야 합니다"라고 오해할 수 있다. 저자 마태는 공동체 내에서 용서가 매우 중요하다고 생각했다. 그래서 하나님께 기도할 때, "우리가 우리에게 빚진 자들을 율법의 해방법 때문에 마지못해 용서한 것처럼, 우리의 빚도 어쩔 수 없이 꼭 용서해 주소서"라고 가르친 것이다. 마태는 용서를 이상적인 공동체의 모델로 제시했다. 〈마태복음〉 5장 22절 말씀에서도 "형제에게 노하는 자는 심판을 받고, '라가'라 하는 자는 공회에 잡혀 가며, '미련한 놈'이라 하는 자는 지옥불에 들어가게 된다"라고 경고한다. 예배드리기 전에 형제와 다툼이 있다면 먼저 용서하고 화해해야 예배를 드릴 수 있다.

결론적으로, 오늘 말씀을 통해 우리는 세 가지 실천적 교훈을 얻을 수 있다. 첫째, 용서는 선택이 아니라 하나님께서 우리에게 명령하신 것이다. 억지로라도 용서해야 한다. 둘째, 용서는 가까운 사람들로부터 시작해야 한다. 우리의 일상에서 상처를 주고받는 이들과 화해하는 것이 중요하다. 셋째, 우리가 용서받은 자로서 다른 사람을 용서할 때, 하나님의 은혜를 경험하고 그분의 사랑을 드러내는 삶을 살아야 한다.

✝ 힐링 묵상

용서는 억지로라도 해야 할 의무이지만,
그 시작은 하나님의 은혜로부터이다.
예수님께서 우리를 무조건적으로 용서하신 것처럼
우리도 용서를 실천할 때 치유와 회복의 여정을 걸어갈 수 있다.

🤲 결단 기도

하나님, 주님의 은혜로 용서받은 자로서

나도 다른 이들을 진심으로 용서하게 하시고,

용서를 통해 주님의 사랑을 전하는 삶을 살게 하소서.

예수님의 이름으로 기도드립니다. 아멘.

5

무화과 철이 아닌데 예수님은 왜 나무를 저주하셨을까?

그 상징적 의미

> "길가에서 한 무화과나무를 보시고 그리로 가사 잎사귀밖에 아무 것도 찾지 못하시고 나무에게 이르시되 이제부터 영원토록 네가 열매를 맺지 못하리라 하시니 무화과나무가 곧 마른지라" 마 21:19

영국의 노벨 문학상 수상자이자 철학자 버트란드 러셀은 그의 저서 『나는 왜 기독교인이 아닌가?』에서 예수님이 무화과 철이 아닌데도 무화과나무를 저주한 것은 그분의 인격 때문이라고 주장했다. 성경을 읽는 독자들도 이 구절을 이해하기 어렵다고 느낄 것이다. 평행 본문인 〈마가복음〉 11장 13절에 따르면 "이는 무화과의 때가 아님이라"고 기록되어 있다. 무화과 철이 아니었기 때문에 무화과나무가 열매를 맺지 않은 것은 당연한 일이었다.

본문을 문자적으로 읽으면 예수님께서 몹시 배가 고파 열매를 찾지 못해 신경질을 부리신 것처럼 보일 수 있다. 그러나 예수님의 행동에는 다른 이유가 있다. 이는 예수님께서 예언자들이 자주 사용하던 상징적 행위를 통해 메시지를 전한 것이다. 예수님은 볼 수 있는 눈과 들을 수 있는 귀가 없는 사람들을 향해 상징적 방법으로 경고하신 것이다.

이 구절을 이해하려면 〈마태복음〉 21장 전체를 살펴보아야 한다. 예수님은 예루살렘에 입성하신 후 성전에 들어가셨다. 성전에는 온갖 장사꾼들로 가득 차 있었고 기도는 찾아볼 수 없었다. 예수님은 이를 보고 "너희는 강도의 소굴을 만들고 있다"라고 말씀하셨다. 또한 시각장애인과 다리가 불편한 사람들을 고치셨으나 대제사장과 서기관들은 기뻐하기는커녕 이를 이상하게 여겼다. 이런 일을 겪은 다음 날 예수님은 무화과나무를 저주하셨다.

예수님이 저주한 무화과나무는 단순히 열매를 맺지 못하는 나무가 아니다. 이는 참된 기능을 잃은 유대 종교와 성전을 상징한다. '무화과나무'는 종종 '유대교'를 상징해 왔다. 예수님의 저주는 생명의 열매를 맺지 못하는 성전과 유대 종교가 이제 끝났다는 것을 암시한다. 종교는 언제나 생명의 열매를 맺어야 한다. 제철을 기다리며 잠들어 있는 종교는 더 이상 필요하지 않다. 필요한 종교는 예루살렘 성전에 얽매이는 종교가 아니다. 어디서든 믿음만 있으면 하나님과 열린 교제를 나눌 수 있는 종교가 필요하다.

당시 유대인들은 예수님의 말씀을 불편해 했다. 그래서 예수님은 상징적 행동을 통해 볼 수 있는 눈을 가진 믿음의 사람들에게 말씀하신 것이다. 그러나 제자들은 여전히 예수님의 의도를 파악하지 못한 채 무화과나무가 마른 현상만을 궁금해 했다. 예수님은 믿음의 기도가 기적을 일으킨다고 제자들에게 함축적으로 설명하셨다. 이제 예루살렘 성전과 유대 종교는 영원히 그 기능을 잃었다. 참된 종교는 믿음으로 기도하는 공동체를 통해 새롭게 시작된다. 하나님은 믿음으로 기도하는 사람들을 통해 새로운 일을 이루신다.

결론적으로, 예수님의 무화과나무 저주는 단순한 나

무에 대한 저주가 아니라 열매를 맺지 못하는 유대 종교와 성전의 상태를 상징적으로 보여 주는 행동이었다. 이를 통해 예수님은 참된 종교는 형식에 갇혀 있는 것이 아니라 믿음과 기도 속에서 하나님과의 관계를 맺는 것임을 강조하셨다.

이 본문에서 얻을 수 있는 실천적 교훈은 다음과 같다. 첫째, 우리의 신앙생활이 형식적이거나 외형적인 것에만 머물지 말고 실제로 영적 열매를 맺는 삶이 되어야 한다. 둘째, 믿음의 기도는 강력한 능력이 있다는 것을 기억하고 어떤 상황에서도 하나님께 나아가 기도하는 삶을 살아야 한다. 셋째, 특정한 장소나 관습에 얽매이지 말고 어디서나 하나님과 진정한 교제를 나누는 참된 예배를 추구해야 한다.

이 세 가지 교훈을 바탕으로 우리 신앙의 본질을 되돌아보고 하나님과의 참된 관계 속에서 매일매일 영적 열매를 맺는 삶을 살아가기를 결단해야 할 것이다.

✝ 힐링 묵상

참된 치유와 회복은 생명의 열매를 맺는 믿음에서 시작되며,

열매 없는 종교는 결국 그 기능을 잃고

새로운 믿음의 공동체를 통해 하나님의 역사가 시작된다.

🙏 결단 기도

하나님, 제 신앙이 형식에 머무르지 않고

참된 믿음과 기도로 열매 맺는 삶을 살게 하소서.

예수님의 이름으로 기도드립니다. 아멘.

6 | 평화의 왕이 검을 말씀하신 이유는?

복음과 세상의 충돌

"내가 세상에 화평을 주러 온 줄로 생각하지 말라. 화평이 아니요, 검을 주러 왔노라" 마 10:34

이 성경 구절은 많은 독자들에게 난해하게 다가온다. 그 이유는 예수님이 일반적으로 '평화의 왕'으로 이해되기 때문이다. 성경에서는 예수님을 "평강의 왕"이라 부르며 (사 9:6), "화평케 하는 자는 복이 있나니"(마 5:9)라는 말씀도 하신 바 있다. 이러한 맥락에서 예수님이 "검을 주러 왔다"라고 하신 말씀은 충격적으로 느껴질 수 있다. 이는 예수님의 사랑과 평화를 전하는 가르침과 상반된 것처럼 보이기 때문에 더욱 이해하기 어렵다.

이 구절에서 예수님이 말씀하신 '검'은 단순히 물리적인 무기나 폭력을 상징하지 않는다. 성서 학자들은 이 '검'을 복음이 세상에 가져오는 필연적인 대립과 갈등의 상징으로 해석한다. 예수님의 말씀과 가르침은 인간 사회의 세속적 가치와 본질적으로 충돌할 수밖에 없으며, 이로 인해 사람들 사이에서 분열이 일어날 수 있다.

특히 〈마태복음〉 10장의 이 구절은 제자들을 세상으로 파송하며 그들이 겪게 될 박해와 어려움에 대해 경고하는 문맥 속에서 등장한다. 복음을 받아들이는 행동이 가족과 친구 등 가까운 관계 안에서도 갈등을 불러일으킬 수 있다는 것을 예수님은 경고하신다. 예수님을 따르는 삶은 이 세상의 가치관과 부딪칠 수밖에 없으며, '검'은 이러한 갈등과 충돌을 상징하는 것이다. 예수님이 이 말씀을 하신 이유는 분쟁을 조장하는 것이 아니라, 진리가 세상에서 빛을 발할 때 자연스럽게 일어나는 저항과 갈등을 미리 경고하시기 위한 것이라고 할 수 있다.

또한 예수님은 여기서 단순한 물리적 평화가 아닌 영적인 평화를 추구하라고 말씀하신다. 복음은 진정한 변화와 회복을 가져오는 힘이 있다. 그렇기에 그 과정에서 일어나는 갈등은 필연적이다. 진정한 평화는 일시적인 화합이 아니라, 죄와 불의에 맞서 싸우고 승리한 후에야 주어질 수 있다는 메시지를 담고 있다.

〈마태복음〉 10장 34절은 믿음의 길이 항상 편안하거나 갈등 없는 평탄한 길이 아니라는 것을 알려준다. 예수님을 따르는 삶은 세상의 가치와 충돌할 때가 있고 그 과정에서 내적·외적 갈등이 발생할 수 있다. 그러나 이러한 갈등은 파괴적인 것이 아니라 복음이 인간의 죄와 불의에 맞서 싸우는 과정에서 필연적으로 발생하는 것이다. 예수님께서는 우리가 이 갈등 속에서도 진정한 평화를 바라보며 나아가길 원하신다.

본문의 말씀을 우리 삶 속에 적용해 본다면 신앙적 실천으로 첫째, 복음이 삶 속에서 갈등과 도전을 일으킬 때 이를 피하지 말고 하나님의 진리 안에서 담대히 맞서야 한다. 특히 가족이나 가까운 사람들과의 관계에서 복음을 전할 때 갈등이 발생할 수 있지만, 우리는 그리스도의 사랑과 진리를 포기하지 않고 전해야 한다. 둘째, 세상의 평안에 집착하기보다는 하나님의 영원한 평화를 추구하는 삶을 살아야 한다. 세속적 안락함이나 편안함을 위해 타협하기보다 하나님의 말씀에 순종하는 삶을 선택하는 것이 필요하다. 이는 우리가 세상의 기준이 아닌 하나님의 기준에 따라 살아가는 삶을 의미한다. 셋째, 갈등과 시험 속에서 인내하며 기도하는 시간을 가져야 한다. 예수님께서는 우리가 고난 속에서 인내할 때 하나님께서 주시는 참된 평화가 우리 삶에 임할 것이라고 약속하셨다. 그러므로 우리는 기도와 묵상을 통해 내적 평화를 유지하며 하나님의 뜻을 구해야 한다.

📖 힐링 묵상

성경은 갈등과 고난이 복음 안에서 의미 있는 변화와 회복의 과정임을 일깨워 준다. 진정한 평화는 외적인 안락함이 아니라, 영적인 성숙과 깊은 치유를 통해 얻게 되는 하나님의 선물이다.

🙏 결단 기도

하나님, 복음으로 인한 갈등 속에서도 진리 안에 서서 담대히 나아가게 하시고, 참된 평화를 추구하는 삶을 살게 하소서. 예수님의 이름으로 기도드립니다. 아멘.

5 장

숫자와 상징 속의 깊은 뜻

1 | 666, 그 숫자에 담긴 진짜 의미는?

요한계시록의 상징

"지혜가 여기 있으니 총명한 자는 그 짐승의 수를 세어 보라 그 수는 사람의 수니 육백육십육이니라" 계 13:18

〈요한계시록〉 13장 18절의 '666'은 역사적으로 많은 오해와 논란을 불러온 숫자이다. 많은 기독교인이 이 숫자를 종말에 등장할 특정 인물이나 사건과 연결 짓는다. 특히 '짐승의 표'를 기술 발전이나 신체에 부착되는 표식으로 해석하기도 한다. 예를 들어, 일부에서는 바코드나 신용카드, RFID 칩 등을 짐승의 표와 연결하는 시각이 있다. 또한 특정 정치인이나 종교 지도자를 짐승으로 보고

666이라는 숫자로 식별된다고 믿는 사람들도 있다. 그러나 이는 성경의 문맥과 역사적 배경을 고려하지 않은 과도한 추측이다.

〈요한계시록〉은 사도 요한이 서기 90년경 로마제국의 박해 속에서 기록한 책이다. 당시 기독교인들은 로마 황제 숭배를 강요받으며 신앙의 어려움을 겪고 있었다. 〈요한계시록〉은 상징적 언어를 통해 기독교인들에게 위로와 소망을 주기 위해 기록되었다. 당시 로마 황제 네로는 잔인한 기독교 박해자로, 많은 기독교인에게 공포의 대상이었다. '666'이라는 숫자는 네로 황제를 가리키는 암호로 해석된다. 고대 히브리어에서 각 문자에 숫자를 부여하는 게마트리아 방식으로 '네로 카이사르'를 계산하면 666이 된다. 따라서 이 숫자는 네로와 같은 폭압적 권력을 상징한다. 이는 이러한 세력들이 결국 하나님의 심판을 받을 것이라는 희망을 전달한다.

666은 〈요한계시록〉에서 상징성을 지닌 숫자이다. 성경에서 7은 완전함을 나타낸다. 반면 6은 불완전함을 의미한다. 666은 불완전함이 반복되는 숫자이다. 이는 궁극적 불완전함과 악을 상징한다. 하나님을 대적하는 최

악의 상태를 나타낸다. 반기독교적 세력과 제도를 상징한다고 할 수 있다. 신학자들은 '짐승의 표'를 물리적 표식이 아닌 악한 세력에 동조하는 사람들의 마음과 행동을 의미하는 상징으로 해석한다. 666은 짐승을 따르는 자들의 정체성을 드러낸다. 그들의 삶이 어떻게 하나님을 대적하는 세력에 동조하는지 보여 준다. 따라서 짐승의 표는 기술적이거나 물리적 표식보다는 영적이고 상징적 의미로 받아들여야 한다.

이 말씀을 통해 우리는 세 가지 중요한 교훈을 얻을 수 있다. 첫째, 상징적 의미를 이해하고 영적 분별력을 지녀야 한다. 666은 단순한 숫자가 아니라 하나님을 대적하는 세력을 상징하므로 우리 삶에서 악한 세력에 동조하지 않도록 경계해야 한다. 둘째, 세속적 유혹에 흔들리지 않고 신앙을 굳게 지키는 것이 중요하다. 하나님을 반대하는 가치관과 행동을 멀리하고, 믿음으로 하나님의 뜻을 따르는 삶을 살아야 한다. 셋째, 우리의 정체성을 다시 확인해야 한다. 우리는 짐승의 표가 아닌 하나님의 자녀로서 그분의 말씀에 순종하는 삶을 살아야 한다.

결론적으로, 666이라는 숫자는 두려워할 대상이 아

니라 우리가 영적으로 깨어 있어야 할 경고이다. 신앙의
길을 지키며 하나님의 뜻에 순종하는 삶을 살아야 한다.

📖 힐링 묵상

세속적 유혹과 악한 세력에 맞서 신앙을 굳게 지키는 것은
하나님의 자녀로서 그분의 보호와 은혜 안에 거하는 길이다.
믿음을 지킬 때 하나님은 우리를 치유하시고
회복의 은혜를 베푸신다.

🙏 결단 기도

주님, 세속적 유혹과 악한 세력에 흔들리지 않고
오직 주님만을 따르며 굳건한 믿음으로 살아가게 하소서.
예수님의 이름으로 기도드립니다. 아멘.

2

하박국의 부흥 기도는
왜 회복이 아니라
심판을 의미할까?

그 숨은 의미

> "여호와여 내가 주께 대한 소문을 듣고 놀랐나
> 이다 여호와여 주는 주의 일을 이 수년 내에 부
> 흥하게 하옵소서 이 수년 내에 나타내시옵소서
> 진노 중에라도 긍휼을 잊지 마옵소서" 합 3:2

오늘 이 시대 우리 모두는 심령의 부흥, 가정과 교회와
나라의 부흥을 사모한다. '부흥'(復興)의 사전적 의미는 '쇠
퇴하였던 것이 다시 일어남. 다시 활발히 일어나다'이다.
우리는 기도할 때나 찬양할 때 '부흥'을 주제로 기도하고
찬양한다. 우리가 즐겨하는 찬양 중에 〈부흥〉이라는 노
래가 있다. 이 찬양의 가사는 다음과 같은 내레이션으로
시작한다. "주여 주의 일을 이 수년 내에 부흥케 하시옵

소서." 이 내레이션은 구약성경 〈하박국〉 3장 2절의 말씀을 인용한 것이다. 우리는 이 구절을 들으며 은혜롭게 이 찬양을 부른다. 그런데 과연 이 말씀 구절의 '부흥'의 의미가 우리가 생각하는 그런 부흥의 개념일까?

먼저 〈하박국〉 말씀의 내용을 살펴보면 다음과 같다. 〈하박국〉서는 북왕국 이스라엘이 앗수르에 의해 멸망하고 남왕국 유다도 바벨론 제국에 의해 멸망의 시기가 얼마 남지 않는 기원전 612~605년을 배경으로 하고 있다. 당시 남유다는 종교적 · 도덕적 부패가 극에 달했고 온갖 불의가 판치며 하나님의 공의가 땅에 떨어진 상황이었다. 그뿐만 아니라 의인이 애매하게 고난 받으며 악인이 번영하는 모순된 현실이었다. 하박국은 이런 모순된 현실에 대하여 의인이 고난을 당하고 악인이 형통한 상황에 대하여 하나님과 두 차례에 걸쳐 질문을 주고받는다. 하나님은 하박국 선지자의 질문에 대하여 남유다는 바벨론 제국을 통하여 심판하실 것이며, 심판의 도구로 사용된 바벨론의 악함 때문에 그 역시도 심판받을 것이라고 말씀하신다. 하나님과의 질의응답을 통하여 하박국은 하나님께서 언젠가 모든 불의한 자를 심판하시고 믿음으로 사는 의로운 자들은 구원하실 것이라는 확신을 품게 되어 찬양의 노래를 부른다.

이런 배경하에서 〈하박국〉 3장 2절 말씀을 해석해 볼 수 있다. "여호와여 주는 주의 일을 이 수년 내에 부흥하게 하옵소서", 이 구절은 하박국 선지자의 간절한 기도문이다. 여기서 '주의 일'은 심판의 역사를 말한다. 선민일지라도 남유다 백성들은 하나님께서 바벨론을 통하여 심판하신다는 말씀이다. 또한 바벨론조차도 그들의 포악함과 강퍅함으로 인하여 하나님의 심판을 면할 수 없다는 것이다. 즉, 남유다와 바벨론 모두를 심판하는 일이 바로 '주의 일'이다. 그리고 "부흥하게 하옵소서"는 그 일을 즉시 행해 달라는 의미이다. 〈하박국〉 3장 2절 말씀을 다른 번역본인 표준새번역과 우리말 성경으로 읽으면 "주의 일을 우리 시대에도 새롭게 하여 주십시오", "오 여호와여, 주께서 하신 일을 이 시대에 다시 새롭게 하셔서 이 시대에 알려지게 하소서"이다.

결론적으로 〈하박국〉 3장 2절 말씀에 나타난 '부흥'의 의미는 단순하게 모든 일이 잘되고, 다시 살아나고 회복된다는 의미가 아니라, 하나님의 철저한 심판을 통하여 이스라엘 백성들이 회개하게 하고 그 이후 하나님의 은혜를 베풀어 달라는 의미이다. 그래서 하박국 선지자는 "주의 일을 이 수년 내에 부흥하게 하옵소서 이 수년 내에 나타내시옵소서 진노 중에라도 긍휼을 잊지 마옵소서"라고 기도하는 것이다. 심판의 고통이 임하기 때문에 가급적 짧은 시간 안에 심판의 행위를 이루어 달라는 것이다. 그렇지 않으면 너무 고통스럽기 때문이다. 또한 하나님의 심판으로 인하여 고통당할 때 긍휼을 베풀어 주셔서 이스라엘 백성들이 속히 깨닫고 돌아와 회복될 수 있게 해달라는 말씀이다.

이를 바탕으로 우리의 삶에 적용할 수 있는 몇 가지 실천적 교훈을 살펴보자. 첫째, 하나님의 심판은 우리를 깨우기 위한 사랑의 경고라는 것을 기억해야 한다. 심판을 두려워하기보다는, 그 속에서 하나님의 공의와 사랑을 깨닫고 회개하는 자세를 지녀야 한다. 둘째, 부흥은 단순한 외적 번영이 아닌 내적 회개와 변화를 통해 이루어진다는 것을 명심해야 한다. 우리의 삶 속에서 하나님께서 원하시는 깊은 영적 회복을 추구해야 한다. 셋째, 하나님의 진노 중에서도 긍휼을 구하며, 심판을 통해 더 나은 영적 성숙과 회복을 이루는 삶을 살아가야 한다.

'부흥'의 참된 의미는 하나님의 심판 속에서도 긍휼을 구하며,

회개와 내적 변화를 통해 진정한 영적 치유와 회복을

이루는 과정이다.

주님, 심판을 통해서라도 저희가 회개하고

주님의 긍휼로 새롭게 변화되어 진정한 부흥을

경험할 수 있도록 이끌어 주옵소서.

예수님의 이름으로 기도드립니다. 아멘.

3

맹세하지 말라는 예수님의 말씀은 무슨 뜻일까?

진실의 중요성

"오직 너희 말은 옳다 옳다, 아니라 아니라 하라
이에서 지나는 것은 악으로부터 나느니라" 마 5:37

사람들은 자신의 말에 신뢰를 더하기 위해 종종 맹세를
한다. 이때 유명인이나 권위 있는 기관, 심지어 하나님의
이름을 인용하기도 한다. 〈마태복음〉 5장 37절 말씀은
맹세에 대한 예수님의 교훈적 말씀이다. 하지만 이 구절
을 읽을 때 독자들이 혼란을 느낄 수 있는 몇 가지 점이
있다. 그중 신앙인들이 품을 수 있는 주요 질문은 다음과
같다.

첫째, "'옳다 옳다, 아니라 아니라'는 어떤 의미일까?" 성도들은 이 표현이 단순히 분명한 대답을 하라는 뜻인지, 아니면 더 깊은 의미가 담겨 있는지 궁금해 한다. 말 그대로 '맞다'와 '아니다'를 명확히 구분하라는 것인지, 아니면 다른 무엇을 가리키는 것인지 의문을 갖는다. 둘째, "'이에서 지나는 것'은 무엇을 뜻하는가?" "이에서 지나는 것"이란 표현이 무엇을 의미하는지 명확하게 이해하기 어려워한다. 여기서 '지나가는 것'이 말 그대로 말의 한계를 넘어서거나 과장하는 것을 의미하는지, 아니면 다른 행동을 가리키는지 알고 싶어 한다. 셋째, "맹세를 하는 것 자체가 잘못된 것인가?" 예수님이 이 구절에서 맹세를 금지하신 이유가 단순히 맹세 자체를 문제 삼는 것인지, 아니면 그 이면에 있는 잘못된 태도를 지적하는 것인지 궁금해 한다.

〈마태복음〉 5장 37절을 올바르게 이해하려면 33절에서 36절까지의 맥락을 함께 살펴보아야 한다. "또 옛 사람에게 말한 바 '헛맹세를 하지 말고 네 맹세한 것을 주께 지키라' 하였다는 것을 너희가 들었으나 나는 너희에게 이르노니 도무지 맹세하지 말지니 하늘로도 하지 말라 이는 하나님의 보좌임이요 땅으로도 하지 말라 이는 하나님의 발등상임이요 예루살렘으로도 하지 말라 이는 큰 임금의 성임이요 네 머리로도 하지 말라 이는 네가 한 터럭도 희고 검게 할 수 없음이라." 당시 유대인들은 자주 하나님의 이름을 빌려 헛된 맹세를 했다. 그들은 하늘과 땅, 예루살렘, 심지어 자신의 머리를 두고 맹세하면서 하나님의 이름을 직접 언급하지 않음으로써 책임을 회피하려 했다. 예수님은 이러한 관행을 강력히 비판하셨다. 그들이 무엇을 두고 맹세하든 결국 모든 것이 하나님께 속해 있기 때문에 그들의 맹세는 모두 하나님 앞에서 이루어진 것과 다름없었다.

"옳다 옳다, 아니라 아니라"라는 표현은 우리의 말이 진실하고 확고해야 한다는 것을 강조한다. 예수님은 우리가 말할 때 불필요한 맹세 없이도 진실하게 말할 수 있어야 한다고 가르치신 것이다. 우리가 단순히 '맞다'와 '아니다'를 분명히 말하는 것만으로도 충분하며, 그 이상의 맹세나 부가적인 설명을 덧붙이는 것은 필요하지 않다.

"이에서 지나는 것"은 불필요하게 말을 덧붙이거나 자신의 말을 강조하기 위해 맹세를 남발하는 행위를 뜻한다. 보통 자신의 말을 강조하면서 "하나님 앞에서 맹세해!" 등과 같은 표현을 한다. 이는 결국 진실하지 못한 태도에서 비롯되며, 말의 신뢰를 떨어뜨릴 수 있다. 예수님은 단순하고 진실한 말을 통해 우리 스스로가 신뢰받는 사람이 되기를 원하셨다.

이 구절을 통해 우리는 진실하고 정직한 말의 중요성을 배운다. 우리의 말이 하나님과 사람 앞에서 일관되게 진실해야 한다. 신앙인은 자신의 말을 꾸미거나 과장하여 신뢰를 얻으려 하지 말고, 있는 그대로의 사실을 말하며 자신의 진실성을 드러내야 한다. 또한 우리는 말의 무게를 알고 책임감 있게 표현해야 한다. 신앙인으로서 우리의 말은 단순한 언어적 표현을 넘어 우리의 믿음과 인격을 반영하기 때문이다. 무분별한 맹세나 약속은 오히려 우리의 신뢰를 무너뜨릴 수 있다. 따라서 우리는 언제나 정직하고 진실한 언어를 사용하고 하나님의 이름을 맹세에 이용하지 말아야 한다.

결론적으로, 〈마태복음〉 5장 37절은 단순한 맹세의 금지를 넘어 신앙인의 말과 행동이 일치해야 한다는 것을 가르쳐 준다. 우리의 모든 말과 행동이 하나님께 영광이 되기를 원하며, 우리는 이 말씀을 통해 진실한 삶을 살아가는 신앙인이 되도록 노력해야 한다.

⬆ 힐링 묵상

불필요한 맹세 없이 진실하고 정직한 말을 통해 신뢰를 쌓으며,

우리의 말과 행동이 일치할 때

진정한 치유와 영적 성장이 이루어진다.

🙏 결단 기도

주님, 저의 말과 행동이 언제나 진실하고 정직하며,

하나님의 영광을 드러내는 삶을 살도록 인도하여 주옵소서.

예수님의 이름으로 기도드립니다. 아멘.

4

하나님이 주시는 잠은
정말 그 뜻일까?

하나님의 축복과 평안

"너희가 일찍이 일어나고 늦게 누우며 수고의 떡을 먹음이 헛되도다 그러므로 여호와께서 그의 사랑하시는 자에게는 잠을 주시는도다" 시 127:2

예배 시간이나 수업 시간에 졸고 있는 사람들 중에 자신들의 졸음을 성경으로 정당화하려는 경우가 종종 있다. 그들이 인용하는 구절은 바로 "여호와께서 그의 사랑하시는 자에게 잠을 주시는도다"라는 말씀이다. 목사님들께서도 이 구절을 우스갯소리로 언급하며, 불면증에 시달리는 성도들에게 "하나님께서 사랑하는 자에게 잠을 주시니, 성도님께도 곧 잠을 주실 것이다"라고 말씀하시는 경우가 있다.

그렇다면 이 구절은 정말 하나님께서 사랑하는 사람에게 문자적 의미 그대로의 잠을 준다는 뜻일까? 물론 하나님을 사랑하고 간절히 구하는 이들 중에는 잠을 이루지 못해 하나님께 기도하는 이들도 있다. 그들의 기도가 응답되지 않을 이유는 없다. 하나님께서 그들에게 축복으로 잠을 주실 수 있다. 그러나 〈시편〉 127편 2절의 본문이 정말 그러한 뜻을 담고 있는지 한번 깊이 살펴보고자 한다.

이 구절은 1절과 2절 전체를 문맥 속에서 읽을 때 정확하게 해석할 수 있다. 본문은 1, 2절의 결론으로 제시된 내용이며, 접속사 '그러므로'가 등장한다. 앞의 내용을 설명하고 나서 그 이유로 인해 결과가 나온다는 것을 말하고 있는 것이다. 그렇다면 〈시편〉 127편 1절과 2절 상반절의 내용은 무엇인가? 이는 집을 세우는 일에서 하나님이 함께하지 않으면 그 집을 세우는 이의 수고가 헛되다는 것이다. 또한 성을 지키는 파수꾼이 아무리 깨어 있어도 하나님이 지키지 않으시면 그 수고는 무의미하다는 말이다.

2절에서는 우리가 집을 세우고 성을 지키며, 생계를 유지하기 위해 아침 일찍 일어나고 늦게까지 수고하더라도 하나님께서 도와주시지 않으면 그 모든 수고가 헛되다고 말한다. 요약하면 우리의 삶에서 집을 짓고 성을 지키며, 생계를 위해 열심히 일해도 하나님께서 지켜 주시고 도와 주셔야만 우리가 복을 받을 수 있다는 뜻이다. 그리고 이러한 결론으로 하나님께서 사랑하는 자에게 잠을 주신다는 말씀이 나온다.

다른 성경 번역본을 보면 이 구절의 의미가 더욱 분명해진다. 표준새번역 성경에서는 이렇게 기록되어 있다. "일찍 일어나고 늦게 눕는 것, 먹고 살려고 애써 수고하는 모든 일이 헛된 일이다. 주께서는 사랑하시는 사람에게 그가 자는 동안에도 복을 내리신다."

따라서 "사랑하는 자에게 잠을 주신다"라는 말씀은 단순히 하나님이 사랑하는 사람에게 잠을 준다는 뜻이 아니다. 이른 아침부터 늦은 시간까지 열심히 일하고 살더라도 하나님의 은혜가 없으면 그 수고가 복으로 이어지지 않는다는 의미이다. 비록 그가 힘들어 누워 자고 있을지라도 하나님께 순종하는 자에게는 그가 잠을 자는 동안에도 하나님께서 그의 삶에 복을 내리신다는 뜻이다.

이 말씀을 통해 얻을 수 있는 실천적 교훈은 다음과 같다. 첫째, 인간의 노력보다 하나님의 은혜에 의지해야 한다. 우리의 모든 수고가 하나님 없이는 헛되다는 것을 인정하고, 하나님의 인도하심을 구하는 삶을 살아야 한다. 아무리 힘써 일하고 수고해도 하나님의 복이 없다면 그 모든 노력이 헛될 수 있다. 둘째, 하나님께 맡기는 평안의 삶을 살아야 한다. 수고와 염려가 많은 세상 속에서 하나님의 보호와 인도하심을 믿고 진정한 평안을 누려야 한다. 우리의 모든 삶을 하나님께 의탁할 때 그분께서 우리의 필요를 채워 주신다는 확신 속에 안식할 수 있다. 셋째, 잠자는 동안에도 하나님은 일하신다. 하나님께 의지하는 자는 그가 일하거나 자는 동안에도 하나님께서 그를 위해 일하신다는 것을 믿어야 한다. 우리의 일상이 하나님께 연결되어 있다는 것을 기억하고 평안한 마음으로 하루하루를 살아가야 한다.

결론적으로, 〈시편〉 127편 2절은 인간의 노력에 의존하지 말고 하나님의 은혜에 의지하는 삶을 강조한다. 우리의 수고가 하나님 안에서 이루어질 때 복이 되며, 하나님은 사랑하는 자에게 그가 자는 동안에도 복을 내려 주신다. 이 말씀을 기억하며 우리의 삶 속에서 하나님께 의지하는 평안과 은혜를 누리는 신앙인이 되도록 노력해야 한다.

🔳 힐링 묵상

우리가 수고하고 잠자는 동안에도 하나님께서 일하시며

우리에게 복을 내려 주신다는 것을 믿을 때

참된 평안과 치유가 우리의 삶에 임한다.

🙏 결단 기도

하나님, 제 모든 수고와 노력보다 하나님의 은혜에 의지하고

평안히 하나님께 맡기며, 주님의 보호와 복을 신뢰하는 삶을

살게 하옵소서. 예수님의 이름으로 기도드립니다. 아멘.

5

좋은 말도
틀릴 수 있을까?

욥기의 교훈

"네 시작은 미약하였으나 네 나중은 심히 창대하리라" 욥 8:7

개업식 장소나 식당에 가면 성구를 액자로 만들어 걸어 놓은 경우를 종종 보게 된다. 그중에서도 "네 시작은 미약하였으나 네 나중은 심히 창대하리라"라는 〈욥기〉 8장 7절의 말씀이 눈에 들어온다. 이 구절은 겉으로만 보면 매우 좋은 말씀처럼 여겨진다. 지금은 비록 작고 보잘것 없지만 앞으로 열심히 일하면 크게 번창할 것이라는 의미로 해석할 수 있기 때문이다. 그래서 개업식 선물로 이 구절이 적힌 액자가 인기를 끌기도 한다.

그러나 이 구절의 발화자와 의도를 알면 이 구절을 사용하는 것이 적절하지 않다는 사실을 깨닫게 된다. 〈욥기〉는 의인 욥이 이유 없이 고난을 겪었을 때 친구들이 찾아와 그를 위로하려는 내용을 담고 있다. 하지만 욥의 친구들은 위로하려다 점차 욥이 고난을 당하는 원인을 찾으려 한다. 엘리바스, 빌닷, 소발, 이 세 친구는 돌아가며 욥을 위로한다. 그러나 그들은 한결같이 욥의 고난이 그의 죄에서 비롯되었다고 말한다. 당시 유대교의 인과응보 사상을 토대로 욥을 굴복시키려 한 것이다.

사실 〈욥기〉 1장은 욥이 왜 고난을 당했는지 설명한다. 그것은 바로 사탄의 시험 때문이었다. 사탄은 욥이 물질적 복을 많이 받았기 때문에 하나님을 경외한다고 주장한다. 하나님은 욥의 신앙이 그렇지 않다는 것을 증명하고자 사탄의 시험을 허락하셨다.

그러나 욥의 친구들은 이러한 배경을 알지 못한 채 욥을 비난한다. 그들은 욥의 잘못을 지적하는 데 급급했다. 당시의 인과응보 사상과 흑백논리로 욥의 고난을 해석한 것이다. 그중 오늘 본문인 〈욥기〉 8장은 두 번째 친구인 빌닷의 첫 번째 변론을 담고 있다. 엘리바스의 충고를 받아들이기 힘들어하는 욥에게 빌닷은 분노를 섞어 노골적으로 비난한다. 〈욥기〉 8장 4절에서는 "네 자녀들이 주께 죄를 지었으므로 주께서 그들을 그 죄에 버려두셨나니"라고 말한다. 자녀를 잃고 슬픔에 빠진 욥에게 빌닷은 그 자녀들이 죄를 지어 죽었다고 저주를 퍼붓는다.

이어서 빌닷은 욥이 지금이라도 회개하고 하나님 앞에 나아가면 그의 삶이 다시 평안해질 것이라고 말한다. 그러면서 〈욥기〉 8장 7절 말씀을 언급한다. "네 시작은 미약하였으나 네 나중은 심히 창대하리라." 이는 욥의 고난이 죄로 인해 시작되었지만 회개하면 다시 번영할 것이라는 주장이다.

그러나 하나님은 이러한 친구들의 말에 동의하지 않으셨다. 〈욥기〉 42장 7절에서 하나님은 욥의 세 친구에게 분노하신다. "여호와께서 욥에게 이 말씀을 하신 후에 여호와께서 데만 사람 엘리바스에게 이르시되 내가 너와 네 두 친구에게 노하나니 이는 너희가 나를 가리켜 말한 것이 내 종 욥의 말같이 옳지 못함이니라." 결국 하나님은 욥의 친구들의 말이 옳지 않다고 판단하셨다.

우리는 이 말씀을 통해 몇 가지 중요한 교훈을 얻을 수 있다. 첫째, 우리는 고난을 겪는 사람들에게 함부로 판단하거나 섣부르게 그들의 상황을 해석하려 해서는 안 된다. 욥의 친구들이 잘못된 신학적 해석으로 욥을 비난했듯이, 우리의 말과 판단은 오히려 상처를 줄 수 있다. 둘째, 하나님의 뜻은 인간의 이해를 초월하는 경우가 많다. 고난의 이유를 명확히 알 수 없을 때에도 우리는 하나님을 신뢰하고 그분의 섭리를 기다려야 한다. 셋째, 진정한 위로는 사람을 정죄하거나 해결책을 제시하는 것이 아니라 그들의 아픔에 공감하고 함께하는 데 있다. 욥의 친구들처럼 상황을 잘못 해석하여 상처를 주기보다는 진정한 사랑과 공감을 나누는 것이 중요하다.

결론적으로, 성경 말씀은 항상 전체적인 맥락 속에서 이해해야 한다. 발화자의 의도와 그 말이 긍정적인 관점에서 말해졌는지 살펴봐야 한다. 그러므로 이 구절을 축복의 기원으로 사용하기에는 적절하지 않다.

⬆️ 힐링 묵상

고난 중에 섣부른 판단을 멈추고 하나님의 섭리를 신뢰하며,

진정한 위로와 공감으로 아픔을 함께 나눌 때

마음의 치유가 이루어진다.

🙏 결단 기도

하나님, 나의 말과 행동이 상처가 아닌 위로와 공감이 되게 하시고,

고난 속에서도 하나님의 뜻을 신뢰하며 살아가게 하소서.

예수님의 이름으로 기도드립니다. 아멘.

6 | 왜 엘리사는 아이들을 저주했을까?

끔찍한 결말의 이유

"엘리사가 뒤로 돌이켜 그들을 보고 여호와의 이름으로 저주하매 곧 수풀에서 암곰 둘이 나와서 아이들 중의 사십이 명을 찢었더라" **왕하 2:24**

〈열왕기하〉 2장 24절은 엘리사가 자신을 조롱한 아이들을 저주하여 암곰들이 나와 42명을 찢어 죽이는 장면을 기록하고 있다. 이 본문은 표면적으로 볼 때 하나님의 선지자가 사소한 조롱, 즉 자신을 '대머리'라고 놀린 것에 과도하게 반응하여 아이들을 죽음에 이르게 한 것처럼 보여 독자들에게 큰 혼란을 준다. 또한 선지자로서 엘리사가 하나님의 사랑과 자비를 대표해야 함에도 왜 저주를 내리고 그 결과로 아이들이 처참한 죽음을 맞이하게 되었는지 의문을 남긴다.

이 본문을 이해하기 위해서는 당시 이스라엘의 사회적 · 종교적 배경을 고려해야 한다. 먼저 엘리사가 향하던 벧엘은 여로보암이 금송아지 우상을 세운 곳으로, 당시 우상 숭배가 만연했던 타락한 도시였다(왕상 12:28-29). 벧엘 사람들은 여호와 신앙을 거부하고 우상 숭배를 따르는 경향이 강했으며, 엘리사를 조롱한 것은 단순히 선지자를 놀린 것이 아니다(왕하 2:23). 그 배후에는 하나님과 그 대리자에 대하여 우상 숭배에 물든 이스라엘 백성들의 경멸이 내재해 있다고 볼 수 있다. 또한 '아이들'이란 표현은 결혼 전까지의 젊은 사람을 지칭하는 광범위한 연령대에 해당한다. '아이들'의 의미는 나이가 젊다는 뜻을 담고 있지만, 이 단어의 어원은 '미혹되다', '더럽히다'란 의미도 있어 이들이 우상 숭배에 미혹되어 신앙적 · 도덕적으로 심각하게 타락한 상태에 있던 자들이라는 것을 암시한다고 할 수 있다.

또한 "대머리여, 올라가라"(왕하 2:23)라는 말은 단순한 외모 비하가 아니었다. 당시 사회에서 대머리는 문둥

병으로 인해 발생할 수 있다고 여겨져 매우 수치스럽고 불명예스러운 것이었다. "올라가라"라는 표현은 엘리야가 승천한 사건을 언급하며, 엘리사의 선지자로서의 권위를 부정하는 의미를 담고 있었다. 이는 엘리사가 엘리야의 후계자로서 선지자로 임명된 사실을 조롱하며 그에게 엘리야처럼 사라지라는 의도를 드러낸 것이다. 엘리사가 막 하나님의 대리자로서 사역을 시작한 시점이었으며, 이러한 배경에서 엘리사를 조롱하는 것은 하나님의 권위를 무시하는 행위로 간주될 수 있다. 이 사건은 엘리사 개인에 대한 조롱이 아니라 하나님을 모독하고 그 사역을 대적하려는 의도가 담긴 조직적인 행위로 해석할 수 있다.

엘리사의 저주로 인한 암곰의 출현은 단순한 자연현상이 아니었다. 이는 하나님의 신성한 심판을 상징하는 사건이었다. 엘리사는 자신의 감정에 따라 행동한 것이 아니라, 24절에 기록된 대로 여호와의 이름으로 그들을 저주하였다. 이 표현은 그들이 단지 엘리사만이 아니라 하나님의 이름까지 모독하는 저주스러운 행위를 했다는 것을 암시한다. 또한 암곰에 의해 찢겨 죽은 자가 42

명이라는 것은 이들 외에도 많은 아이가 조직적으로 이에 가담하였으며, 그들이 적극적으로 여호와 신앙을 배격하고 박해하는 자들이었다는 걸 입증해 준다. 따라서 엘리사의 저주는 그들이 하나님의 권위를 무시하고 대적한 것에 대한 신적 응징으로 해석할 수 있다. 암곰들이 나온 것은 하나님의 심판 도구로 사용된 것이며, 그들의 죽음은 단순한 형벌이 아니라 하나님의 공의가 실행된 사건이다.

이 사건에서 우리는 하나님의 대리자와 그 권위를 존중해야 한다는 중요한 교훈을 얻을 수 있다. 엘리사는 단순히 자신의 자존심이 상해서 아이들을 저주한 것이 아니라 하나님의 권위를 모독한 행위에 대해 하나님의 이름으로 심판을 선포한 것이다. 또한 이 사건은 하나님의 공의가 때로는 인간의 이해를 초월하는 방식으로 나타날 수 있다는 것을 보여 준다. 하나님은 자신을 대적하는 자들에게 심판을 내리시는 분이며, 그의 대리자인 선지자를 존중하는 것은 곧 하나님을 존중하는 것과 같다는 중요한 교훈을 준다.

🔼 힐링 묵상

하나님의 권위와 공의는 우리의 이해를 넘어서며,

그분의 대리자와 사역을 존중하는 마음을 가질 때

진정한 영적 회복과 평안을 누리게 된다.

🖐 결단 기도

하나님, 나의 삶 속에서 하나님의 권위를 존중하고

그 뜻에 온전히 순종하며 살아가게 하소서.

예수님의 이름으로 기도드립니다. 아멘.

| 6 장 |

성경 속 숨겨진 진리의 조명

1

왜 예수님은
'불의한 재물'을
사용하라 하셨을까?

불의한 재물의 비유

> "내가 너희에게 말하노니 불의의 재물로 친구를 사귀라 그리하면 그 재물이 없어질 때에 그들이 너희를 영주할 처소로 영접하리라" 눅 16:9

이 말씀은 〈누가복음〉에서 난해한 구절 중 하나이다. 나도 학창 시절 이 구절을 읽으며 무슨 뜻인지 의아해 했다. '불의한 재물을 사용하라'는 말과 그 재물로 친구를 사귀라는 내용이 쉽게 이해되지 않았다. 이를 이해하려면 본문의 배경을 살펴볼 필요가 있다. 1세기 유대적 관점에서 이스라엘은 하나님의 재산을 관리하는 청지기 역할을 맡고 있었다. 그들은 하나님의 빛을 세상에 비춰야 했지만, 그 임무를 제대로 수행하지 못하고 해고 위기에 처했다. 특히 바리새인들은 엄격한 율법적 기준으로 거룩함을 추구했으나 오히려 많은 사람을 구원의 길에서 배제시켰다.

이 비유에서 주인은 재산을 낭비한 청지기를 해고하려 한다. 청지기는 해고 이후를 대비해 빚진 자들을 불러 빚을 줄여 준다. 기름 1백 말을 빚진 자는 오십으로, 밀 1백 석을 빚진 자는 팔십으로 줄여 준다. 그는 훗날 이들이 자신을 도와줄 것이라 기대한다. 주인은 이 장면을 보고 청지기를 칭찬한다. 예수님은 이를 두고 "이 세대의 아들들이 자기 시대에 있어서는 빛의 아들들보다 더 지혜로움이니라"(눅 16:8)라고 평가하셨다. 여기서 "이 세대의 아들들"은 믿지 않는 세상 사람들을, "빛의 아들들"은 제자들을 뜻한다. 세상 사람들은 미래를 위해 철저히 준비하는데, 믿는 자들은 천국을 위해 준비하지 않는다는 것이다.

우리가 이해하기 어려운 부분은, 주인의 재산을 낭비한 청지기가 빚진 자들에게 임의로 채무를 탕감해 주었음에도 불구하고, 왜 그것이 지혜로운 행동으로 평가

되는가 하는 점이다. 1세기 유대 사회에서 유대인들은 이자를 받고 돈을 빌려 주는 일이 금지되었다. 비유 속 주인역시 이런 금지 명령을 피하기 위해 기름과 밀을 화폐 대신 빌려 주며 이자를 챙겼다. 이를 알고 있는 청지기는 빚진 자들에게 기름 1백 말과 밀 1백 석을 각각 줄여 준다. 이것이 청지기의 불법 행위가 아닌가 싶지만, 그렇지 않다. 청지기가 줄여 준 양은 청지기의 이익금(커미션)이나 주인이 과도하게 부과한 이자 부분이었다. 따라서 주인은 해고된 후 미래를 준비하는 청지기의 태도를 비판할 수 없었고, 오히려 그의 지혜에 감탄하며 칭찬한 것이다.

이 비유의 핵심 교훈은 9절 말씀이다. 예수님은 "불의의 재물로 친구를 사귀라"라고 하셨다. 여기서 불의의 재물은 불법적으로 취득한 재물이 아니라 세상 속 재물의 속성을 의미한다. 믿지 않는 사람들도 세상의 재물을 미래를 위해 지혜롭게 사용한다. 그렇다면 믿는 자들은 가난한 자, 즉 이웃을 위해 재물을 사용해야 한다. 재물을 나누는 것은 '하늘에 보물을 쌓는 행위'(마 6:20)이다.

본문의 내용에서 실천적 교훈을 다음과 같이 적용할 수 있다. 첫째, 우리가 가진 재물은 소유를 위한 것이 아니라 이웃을 돕고 섬기기 위해 주어진 것이다. 이를 통해 하나님의 사랑을 실천하고 하늘에 보물을 쌓아야 한다. 둘째, 세상 사람들은 불의한 재물도 미래를 위해 지혜롭게 사용하는데 우리 믿는 자들은 더 나아가 하나님 나라를 위해 재물을 사용하는 지혜를 지녀야 한다. 셋째, 재물의 올바른 사용은 우리의 영적 준비와도 연결된다. 재물의 사용 목적이 이웃을 위한 것이 될 때 우리는 천국을 향해 준비된 삶을 살아가게 된다.

오늘 말씀은 하나님이 우리에게 주신 재물을 지혜롭고 자비롭게 사용하라는 뜻이다. 재물은 소유하라고 주신 것이 아니라 이웃을 섬기고 돌보라고 주신 것이다. 우리가 가진 물질을 이웃을 위해 아낌없이 나눌 때 하나님 나라는 우리를 기쁘게 받아들이고 영원한 천국으로 인도할 것이다.

🔲 힐링 묵상

우리의 재물을 통해 이웃을 사랑하고 섬길 때

하나님은 우리를 영원한 처소로 인도하시고

그 안에서 진정한 평안과 기쁨을 경험하게 하신다.

🙏 결단 기도

하나님, 주신 재물을 지혜롭고 자비롭게 사용하여

이웃을 섬기고 하늘에 보물을 쌓는 삶을 살게 하소서.

예수님의 이름으로 기도드립니다. 아멘.

2

뱀과 독약,
과연 믿음의 시험인가?

복음 전도자들에게 주신 표적의 의미

"뱀을 집어올리며 무슨 독을 마실지라도 해를
받지 아니하며 병든 사람에게 손을 얹은즉 나으
리라 하시더라" 막 16:18

오늘 말씀의 내용은 문자적으로만 읽고 적용하기에는 상
당히 위험할 수 있다. 말씀의 배경은 예수님께서 부활하
셔서 열한 제자가 음식을 먹는 현장에 나타나신 장면이
다. 예수님은 제자들에게 온 세상에 나가서 만민에게 복
음을 전파하라고 명령하신다. 그리고 복음을 전하기 위
한 도구로 표적들을 보여 주신다고 말씀하신다. 그 표적
의 내용은 귀신을 내쫓고, 새 방언을 말하고, 손으로 뱀을

집어 들며, 독약을 마실지라도 해를 입지 않게 된다는 것이다. 그뿐만 아니라 아픈 사람들에게는 손을 얹으면 낫게 될 것이라고 말씀하신다.

실제로 예수님의 말씀대로 사도 바울은 멜리데 섬에서 뱀을 잡았으나 해를 당하지 않았다. "그런데 바울은 그 뱀을 불 속에 떨어 버리고, 아무런 해도 입지 않았다"(표준 새번역, 행 28:5). 또한 독을 마셨지만 해를 입지 않은 경우는 성경에는 없지만 교회의 전설이나 교회 역사가 유세비우스의 기록에서 찾아볼 수 있다. 즉, 유세비우스는 유스투스 바르사바스(Justus Barsabasr)가 독을 마셨으나 "주의 은혜로 아무 해도 입지 않았다"는 기록을 남겼다. 반대로 교회사의 한 사례를 보면 어떤 극단적 이단은 자신들의 믿음을 과시하기 위하여 손으로 뱀을 잡기도 하고 독을 마시다가 죽기도 했다.

따라서 우리가 성경 말씀을 읽고 해석할 때는 전체적인 문맥과 상황을 잘 고려해야 한다. 본문의 말씀은 예수님께서 복음을 전하는 사도들과 제자들에게 복음 증거를 위해서 주신 특별한 은사와 능력에 관한 것이다. 물론 오늘날에도 특별한 믿음을 가지고 헌신하는 자들에게는 기적과 능력이 나타날 수도 있다. 하지만 〈마가복음〉 16장 18절 말씀은 예수 그리스도를 믿고 복음을 전하는 자들이 누리게 될 놀라운 권능과 하나님의 보호를 상징하는 표현이기에 중요하다. 성경은 하나님의 말씀과 복음을 전하기 위해 기록된 책이다. 성경은 다양한 문학적 기법을 통해서 기록되었다. 역사적 사실, 이야기, 고대 사회의 지혜 문헌, 시편, 교훈적인 내용, 상징과 은유적 표현 등을 통해서 진리를 전달한다.

그러므로 오늘 우리가 성경을 읽을 때는 성경의 다양한 문학적 기법과 당시의 상황과 맥락 등을 고려해서 읽어야 한다. 현대 사회에서 종종 이단들은 성경의 내용을 문자적으로 해석하여 종말의 시한을 계산하거나, 아픈 성도들에게 의학적 치료를 중단하고 맹목적인 기도만을 권하여 물의를 일으킨다. 참된 믿음은 문자주의에 매몰되거나 맹목적 기적만을 추구하는 것이 아니다.

〈마가복음〉 16장 17절은 기적을 "표적"으로 표현한다. 기적과 표적은 의미가 완전히 다르다. 국어사전의 기적에 대한 정의는 '상식적으로 생각할 수 없는 기이한 일, 신에 의하여 행해졌다고 믿어지는 불가사의한 현상'으로 기술하고 있다. 표적은 일종의 사인(sign)을 말한다. 신호 등에서 빨간불은 정지 신호이고 파란불은 통행 신호이듯이, 표적은 그것을 통해서 전달하고자 하는 메시지가 있다. 복음서는 종종 기적을 표적이라고 부른다. 예수님의 기적은 기적 자체로 중요한 것이 아니라, 기적을 통해서 하나님의 살아 계심과 예수 그리스도의 메시아 되심을 증거하기 위한 목적을 지닌다.

〈마가복음〉 16장 18절 말씀도 마찬가지다. 저자는 복음을 전하는 제자들에게는 뱀이나 독과 같은 해로운 것을 만지고 마실지라도 해를 당하지 않을 것이라고 은유적으로 표현한다. 이 말은 하나님께서 복음 전도자들의 삶을 지켜 주시고 보호해 주신다는 말씀이다. 바른 신앙은 성경의 문자주의와 기적 추구에서 벗어나 하나님의 영광을 온전히 바라보는 것이다.

본 말씀을 통해서 하나님께서 주시는 실천적 교훈을 살펴보면 다음과 같다. 첫째, 성경은 문자 그대로만 해석하기보다는 문맥과 상징성을 고려하며 읽어야 한다. 둘째, 참된 신앙은 맹목적인 기적 추구보다 하나님의 보호와 인도하심을 신뢰하는 것이다. 셋째, 복음을 전하는 삶 속에서 하나님의 표적을 통해 그분의 뜻을 바르게 이해하고 전해야 한다.

🔖 힐링 묵상

예수님은 복음을 전하는 자들을 지켜 주시며,

어떤 어려움 속에서도 해를 받지 않도록 보호하시고,

믿음 안에서 진정한 치유와 회복을 경험하게 하신다.

🙏 결단 기도

하나님, 내가 믿음 안에서 진리를 바르게 이해하고 복음을 전하며,

당신의 보호하심과 인도하심을 신뢰하며 살아가게 하소서.

예수님의 이름으로 기도드립니다. 아멘.

3

발음 하나로 생사가 갈린 사건은 무엇일까?

쉽볼렛의 비극

> "그에게 이르기를 쉽볼렛이라 발음하라 하여 에
> 브라임 사람이 그렇게 바로 말하지 못하고 십볼
> 렛이라 발음하면 길르앗 사람이 곧 그를 잡아서
> 요단 강 나루턱에서 죽였더라 그때에 에브라임
> 사람의 죽은 자가 사만 이천 명이었더라" 삿 12:6

1968년, 무장공비 김신조 일당이 DMZ를 뚫고 청와대로 내려온 직후 전방 근무자들은 비상사태에 돌입했다. 접근하는 누구라도 발포하라는 명령이 내려졌고, 그날 저녁 교대 근무 암호는 '고구마'였다. 당시 경상도 출신의 신참 병사가 전방 GP에 배치되었고, 그는 '고구마'라는 암호를 되뇌며 교대 근무지로 향했다. "누구냐? 암호는?" 어둠 속에서 경계근무자의 질문이 들려왔고, 당황한 신참 병사는 얼떨결에 "고메"라고 답했다. 참고로 '고메'는 경상도 사투리로 고구마를 뜻한다. 상대는 다시 물었다. "암호는?" 신참 병사는 정신을 차려 암호가 세 글자였던 것을 생각해내고 "물고메"라고 외쳤다. 이 순간 총소리가 났고, 신참 병사는 억울하게 죽어 가면서 말했다. "물고메라고 했는데." 이 이야기는 김신조 사건과 군대 이야기를 합성한 유머로, 당시 긴장감 넘치는 상황에 경상도 사투리로 벌어진 오해를 재미있게 그려낸 것이다.

나는 경상도 출신이라 어린 시절 이 이야기를 재미있게 들었던 기억이 있다. 그런데 오늘 〈사사기〉 12장 본문을 읽다 보니 이 이야기가 떠올랐다. 사사 입다는 암몬 자손과 싸워 이겼다. 하지만 동족인 에브라임 지파는 이 사건을 접하고 입다와 그가 속한 길르앗 사람들을 시기하고 질투했다. 에브라임 지파는 자신들이 여호수아의 후예라는 사실에 큰 자부심과 우월감을 가지고 있었으나, 작은 지파인 길르앗 지파의 입다가 전쟁에서 연이어 승리하자 이를 견디지 못한 것이다. 그래서 암몬 자손을 물리치는 과정에서 자신들에게 도움을 요청하지 않았다는 핑계로 입다에게 시비를 걸었다. 사실 에브라임 지

파는 기드온의 공로를 가로채려 했던 〈사사기〉 8장의 전
례가 있었다. 당시 기드온은 오히려 자신을 낮추고 에브
라임 지파를 높여 주며 문제를 평화롭게 해결했다. 그러
나 입다는 그렇게 하지 않았다. 그 결과 길르앗과 에브라
임 지파 간의 전쟁이 벌어졌고, 동족상잔의 비극이 발생
했다.

에브라임의 패잔병들은 요단 강 서편으로 도주했고,
입다는 이들의 도주를 막기 위해 요단 강 나루턱에서 에
브라임 사람들을 기다렸다. 그는 에브라임 사람을 구분
하기 위해 '쉽볼렛'을 발음하게 했다. 히브리어에는 'ㅅ'에
해당하는 두 알파벳, '쉰'(Sh)과 '신'(S) 혹은 씬'이 있다. 당시
에브라임 지파는 같은 히브리 민족임에도 '쉰'(Sh) 발음을
제대로 하지 못하고 '신'(S) 또는 씬'으로 발음했다. 참고로
경상도 분들 중에는 에브라임 지파와 반대로 '쌀' 발음을
잘못 하고 '살'로 발음하는 경우가 종종 있다. 길르앗 병사
들은 나루턱에 도착한 사람에게 '쉽볼렛'을 발음하게 했
고, 그들이 '쉽볼렛'이라 말하면 통과시켰다. 그러나 '십볼
렛' 또는 '씹볼렛'으로 발음하면 에브라임 사람으로 간주
해 죽였다. 이렇게 발음 하나로 죽임을 당한 에브라임 사

람이 4만 2천 명에 달했다.

이 '쉽볼렛' 사건에서 유래한 영어 단어 'shibboleth' 는 오늘날 '사람들을 구별해 주는 관습이나 말'이라는 의미로 사용된다. 이 사건은 현대의 여러 전쟁에서도 아군과 적군을 구별하는 방법으로 발음을 암호로 사용하는데 영향을 미쳤다. 그러나 여기서 우리가 주목해야 할 점은 4만 2천 명 모두가 에브라임 지파였을까 하는 것이다. 길르앗 지파 중에서도 '쉽' 발음이 어려운 사람들이 있었을 것이다. 참고로 나는 경상도 사람이지만 '쌀' 발음을 하는 데 문제가 없다. 또 경상도 사람이 아닌 분 중에도 얼마든지 '쌀' 발음을 잘하지 못하고 '살'이라고 하는 분도 있다. 이것과 유사한 이치다.

〈사사기〉 12장 6절의 '쉽볼렛' 검증은 에브라임 지파의 교만과 자만의 비극적 결말을 보여 줄 뿐만 아니라, 현대 사회에서 획일화된 기준으로 다른 사람을 판단하는 것에 대한 경각심을 일깨워 준다. 우리는 사람을 쉽게 획일화된 기준으로 판단하는 것을 경계해야 한다. 이 본문을 통해서 우리는 서로의 차이를 존중하고, 성급한 판단을 경계해야 한다는 중요한 교훈을 배워야 한다.

📑 힐링 묵상

우리는 서로의 차이를 존중하고 성급한 판단을 경계할 때

진정한 평화와 화합을 이룰 수 있다는 것을 기억해야 한다.

🙏 결단 기도

하나님, 저에게 성급한 판단을 하지 않고 서로의 차이를 존중하며

사랑으로 이해하는 마음을 허락하소서.

예수님의 이름으로 기도드립니다. 아멘.

4 | 비난 받는 자는 누구일까?

장터 비유의 진짜 의미

"비유하건대 아이들이 장터에 앉아 서로 불러 이르되 우리가 너희를 향하여 피리를 불어도 너희가 춤추지 않고 우리가 곡하여도 너희가 울지 아니하였다 함과 같도다" 눅 7:32

이 말씀은 예수님께서 비유로 하신 말씀이다. 앞 절에서 는 "이 세대의 사람을 무엇으로 비유할까 무엇과 같은 가?"라고 하셨다. 예수님은 당시 사람들의 모습을 묘사하 신다. 일반적으로 이 구절을 읽는 사람들은 이 말씀을 상 식적인 선에서 이해한다. 많은 이들은 오늘날 아무리 말 씀을 외치고 복음으로 돌아가자고 해도 세상 사람들이 반응하지 않는다고 생각한다. 그래서 기독교인은 장터에 앉아 피리를 부는 아이들이고, 믿음 없는 사람들은 춤추지 않고 울지 않는 자들이라고 해석한다. 그러나 이러한 해석은 이 구절의 본래 의미를 완전히 오해한 것이다.

여기서 '피리를 부는 사람들'과 '곡하는 사람들'은 예수님이나 믿음의 사람들을 가리키지 않는다. 반대로 '피리를 불어도 춤추지 않는 사람들'과 '울지 않는 사람들'도 당시 유대인들이나 믿음 없는 세상 사람들을 말하는 것이 아니다.

'피리를 불어도 춤추지 않는다'고 비난하는 사람은 예수님이 아니다. 오히려 예수님께서 비유하신 악한 세대의 비난 내용이다. 우리는 흔히 예수님이 피리를 불고, 애곡하라 했는데 믿음 없는 세대가 춤추지 않고 울지 않았다고 오해한다. 하지만 예수님께서 비난하신 대상은 장터에 앉아 자신들은 편안하게 피리를 불며 상대방이 춤추지 않는다고 비난하는 자들이다. 이들은 자신의 역할 놀이에 상대가 맞춰 주길 바라는 율법주의적 태도를 가진 사람들이다. 이 비유는 바로 그들을 비판하는 내용이다.

당시 유대 율법주의자들은 자신들은 즐겁게 지내면

서, 세례 요한이 금식한다고 귀신 들렸다고 비난했다. 또한 죄인들과 격리하라고 요구했으나 세리와 죄인들과 함께 식사하신 예수님을 비난했다. 예수님은 이러한 비난을 하는 유대 율법주의자들을 향해 이 비유를 사용하신 것이다.

따라서 "피리를 불어도 너희가 춤추지 않는다"라는 구절은 하나님의 말씀을 듣지 않는 사람들을 비난하는 것이 아니다. 오히려 자신들의 기준에 맞지 않는다고 비난하는 자들을 비판하는 말씀이다. 피리를 부는 사람들은 악한 자들이고, 피리에 반응하지 않는 사람들은 세상에 속하지 않은 믿음의 사람들이다.

이 구절의 말씀을 통해 실천적 교훈을 살펴보면 다음과 같다. 첫째, 우리는 다른 사람들을 율법적 기준으로 판단하기보다 예수님의 사랑과 자비를 실천하며 살아가야 한다. 둘째, 외식하는 신앙을 경계하고 겸손하게 하나님의 말씀을 따르는 삶의 본을 보여야 한다. 셋째, 다른 사람들을 비난하고 정죄하기보다 우리의 삶이 말씀에 부합하는 진정한 예배가 되도록 노력해야 한다.

그러므로 오늘날 기독교인들은 바리새인처럼 외식

하는 자가 되지 않도록 조심해야 한다. 세상을 가르치기보다 우리가 먼저 말씀의 모범을 보이며 살아야 한다.

📖 힐링 묵상

율법적 잣대가 아닌 사랑으로 사람들을 대할 때

진정한 평안과 화해의 길을 열 수 있다.

🙏 결단 기도

하나님, 비난과 정죄보다 사랑과 자비로 살아가며

진정한 신앙의 본이 되게 하소서.

예수님의 이름으로 기도드립니다. 아멘.

5

예수님이 자신을 신이라 하신 이유는 무엇일까?

그리스도의 신성 선언

"예수께서 이르시되 너희 율법에 기록된 바 내가 너희를 신이라 하였노라 하지 아니하였느냐"
요 10:34

오늘날 우리는 예수를 그리스도, 즉 구원자로 믿으며, 그분이 하나님의 아들이며 신성을 지닌 분이라는 사실을 당연하게 받아들인다. 하지만 예수님이 살던 당시, 유대인들의 눈에 그는 그저 한 인간일 뿐이었다.

예수님은 오늘날의 신앙적 관점에서 자신의 신성을 설명한 것이 아니라, 그 시대의 논리와 개념을 바탕으로 자신이 하나님의 아들이심을 밝히셨다. 요한복음 10장

34절은 유대인들의 입장에서 자신의 신적 존재를 변호하신 말씀이다. 그렇다면 예수님은 어떻게 자신의 신 되심을 설명하셨을까? 지금부터 살펴보자.

예수님이 유대인들과 '신'에 대한 논쟁을 하는 배경은 다음과 같다. 유대인들과 나누는 대화에서 예수님이 자신을 '하나님의 아들'이라고 하시고, 하나님을 '아버지'라고 부르신다. 또한 하나님 아버지와 자신이 '동일한 존재'라고 말씀하신다. 이를 들은 유대인들은 인간 예수가 자신이 '하나님의 아들'이고, 신'이라고 하는 것에 분노한다. 유대의 율법에는 하나님을 모독한 죄는 돌로 치는 형으로 규정하고 있다. 그래서 유대인들이 예수님을 돌로 치려고 한다. 이 상황에서 예수님은 두 가지 논증으로 유대인들의 공격을 방어하신다.

첫 번째 논증은 〈요한복음〉 10장 34절 말씀에 등장하는 〈시편〉 82편 6절 말씀을 인용한 것이다. "내가 말하기를 너희는 신들이며 다 지존자의 아들들이라 하였으나." 〈시편〉 82편 6절의 배경은 부정한 재판에 대한 경고다. 재판을 위임받은 사람들이 부정한 방법을 그만두고, 가난한 자와 죄 없는 자들을 옹호하라는 권고의 말씀이다. 재판장은 사람들에게 하나님의 도움과 공정을 가져오기 위해서 파견된 자다. 그래서 그는 사람들에게 하나님처럼 여겨졌고, 하나님으로부터 신들이며, 지존자의 아들들이라 칭함 받았다. 이 생각은 〈출애굽기〉에도 잘 나타난다. 〈출애굽기〉 21장 1-6절을 보면 "노예는 7년째마다 풀어줘야 한다"고 규정한다. "상전이 그를 데리고 재판장에게로 갈 것이요"(출 21:6a). 여기서 '재판장'은 히브리어로 '엘로힘'이다. 엘로힘은 '신들'이라는 뜻이다. 성경은 하나님으로부터 특정한 사명을 위임받은 사람을 '신들'이라고 부르고 있다. 예수님은 성경이 그렇게 부르는 것을 인용해서 "하나님으로부터 사명을 위임받은 내가 나에 대해서 신이라고 부르는 것이 무슨 문제가 있는가?"라고 반문하신다.

두 번째 논증은 〈요한복음〉 10장 36절 말씀에 있다. "하물며 아버지께서 거룩하게 하사 세상에 보내신 자가 나는 하나님의 아들이라 하는 것으로 너희가 어찌 신성모독이라 하느냐." 예수님은 하나님께서 자신을 거룩하게 하셔서 이 세상에 보내셨다고 말씀하신다. 예수님께서 스스로 이 세상에 오신 것이 아니라 하나님께서 보내셔서 왔다는 것이다. 구약성경에 나오는 재판관들처럼 예수님은 진리와 정의, 사명을 위해서 구별되어 이 세상에 보냄 받은 자이기 때문에 자신을 '신'이라고 부를 수 있다는 것이다. 예수님은 오직 성경에 기초해서 말씀하고 계신다.

당시 유대교 랍비들의 입장에서 보면 압도적 설득력이 있는 근거였다. 랍비들은 그동안 성경 말씀을 근거로 반론해 왔기에 예수님의 말씀에 어떠한 반박도 할 수 없었다. 예수님은 하나님의 보내심을 받아 이 땅에 오셨기 때문에 참 신이시고, 하나님의 아들이시다. 이와 마찬가지로 하나님의 뜻 가운데 거하는 모든 사람은 하나님의 자녀가 될 수 있다. 우리도 하나님이 주신 사명을 따라 살아갈 때 하나님께로부터 '신의 아들'이라 칭함받을 수 있다.

오늘 본문의 실천적 교훈을 적용해 보면 다음과 같다. 첫째, 우리는 하나님께서 맡기신 사명에 충실하고 그분의 뜻을 따르는 삶을 살아야 한다. 둘째, 예수님의 말씀과 행동을 통해 그분이 참된 하나님의 아들이시라는 것을 믿고 우리의 믿음을 더욱 굳건히 해야 한다. 셋째, 우

리는 하나님의 자녀로서 세상 속에서 진리와 정의를 실
천하며 하나님의 빛을 드러내는 삶을 살아야 한다.

🔳 힐링 묵상

하나님의 뜻을 따르며 살아갈 때 우리는 하나님의 자녀로서
영원한 사랑과 평안을 누리게 된다.

🙏 결단 기도

하나님, 주신 사명을 따라 충실하게 살며,
예수님의 본을 따르고 하나님의 자녀로서 빛을 드러내게 하소서.
예수님 이름으로 기도드립니다. 아멘.

6

악한 권력에도 순종해야 할까?

성경 속 권세와 정의의 관계

"각 사람은 위에 있는 권세들에게 복종하라 권세는 하나님으로부터 나지 않음이 없나니 모든 권세는 다 하나님께서 정하신 바라" 롬 13:1

이 구절은 종종 논란의 대상이 되어 왔다. 특히 세상의 권력자들이 자신의 권위와 통치를 정당화하는 근거로 이 구절을 인용하여 많은 사람에게 혼란과 의문을 불러일으켰다. 따라서 이 구절을 읽는 성도들이나 일반 독자들이 가질 수 있는 문제점과 의문점 그리고 성서학적 해석과 영적인 교훈을 살펴 보고자 한다.

첫째, 악한 권력의 정당화 문제이다. 〈로마서〉 13장

1절은 모든 권세가 하나님께로부터 왔다고 말씀한다. 그러나 역사적으로 보면, 폭력적이고 부패한 권력자들이 이 구절을 근거로 삼아 자신들의 정권을 정당화하려는 시도가 있어 왔다. 예를 들어, 독재 정권이나 부당한 통치자들이 이 구절을 근거로 삼아 순종을 강요하거나 반대를 억압한 사례들이 있다. 이러한 상황에서 성도들은 악한 권력에도 무조건 복종해야 하는가 하는 딜레마에 직면하게 된다.

둘째, 불의한 법과 구조에 대한 순종의 문제이다. 세상에는 때로 하나님의 정의와 어긋나는 법과 제도가 존재한다. 예를 들어, 인종 차별, 사회적 불평등, 억압적인 정책 등이 있을 때 이러한 불의한 체제에 순종하는 것이 하나님의 뜻에 맞는가 하는 질문이 제기된다. 〈로마서〉 13장 1절이 모든 상황에서 무조건적인 복종을 요구하는 것처럼 읽힐 경우, 기독교인은 정의와 양심의 갈등을 경험할 수 있다.

성서학적 연구는 〈로마서〉 13장 1절을 당시 로마제국의 사회적·정치적 배경 속에서 이해해야 한다고 강조한다. 바울이 이 서신을 쓴 당시 로마제국은 절대적인 통치권을 행사하고 있었으며, 유대인들과 초기 기독교인들은 반란과 폭동을 일으킨 혐의로 종종 의심을 받았다. 바울은 복음을 전하는 과정에서 기독교인들이 정부와 불필요한 갈등을 피하고 사회의 질서를 유지하는 가운데 신앙을 지키도록 권면하고 있었다.

바울의 의도는 세상 권력 자체를 무조건적으로 정당화하려는 것이 아니었다. 그는 궁극적인 주권이 하나님께 있다는 사실을 강조하며, 기독교인들이 세상 권력에 대한 태도를 통해 하나님의 질서를 인정하고 복음을 전하는 길을 열어 가려고 했다. 바울은 또한 〈사도행전〉 5장 29절에서 "사람보다 하나님께 순종하는 것이 마땅하니라"라고 말했듯이, 하나님의 뜻을 거스르는 경우에는 세상 권위에 순종할 수 없다는 원칙을 지니고 있었다.

〈로마서〉 13장 1절은 기독교인들에게 하나님의 주권을 인정하며 살아가라는 영적인 교훈을 제공한다. 세상 권세에 순종하는 것은 단순히 세속적인 복종을 의미하는 것이 아니라 하나님께서 세상의 질서를 주관하고 계심을 인정하는 태도이다. 그러나 이 순종은 맹목적인 것이 아니라 하나님의 정의와 뜻에 부합하는지를 기준으로 삼아야 한다.

본 말씀을 통하여 실천적 교훈을 적용해 본다면 다음과 같다. 첫째, 성도는 하나님의 말씀을 기준으로 세상 권위에 대해 올바른 분별력을 갖추고, 하나님의 뜻에 어긋나는 권력에 대해 맹목적으로 순종하지 않도록 해야 한다. 둘째, 세상 권력에 대한 순종은 하나님의 질서를 인정하는 태도로, 사회의 법과 질서를 존중하되 하나님의 정의와 사랑을 실천할 수 있는 기회를 모색해야 한다. 셋째, 불의한 권위와 제도에 대해서는 평화로운 방식으로 저항할 수 있으며, 하나님의 뜻에 맞는 정의와 공의를 이루기 위해 노력해야 한다.

결론적으로, 〈로마서〉 13장 1절은 기독교인이 세상 권세를 존중하고 순종하는 것이 하나님의 질서를 인정하는 행위임을 가르친다. 그러나 이는 맹목적 복종이 아닌 하나님의 뜻과 정의를 최우선으로 삼는 분별력 있는 순종을 요구한다.

📖 힐링 묵상

우리는 세상 속에서 하나님의 뜻을 분별하며

정의와 사랑의 길을 걸을 때, 하나님께서 우리의 삶을 통해

세상의 질서를 바로잡으시고 인도하신다는 믿음을 가질 수 있다.

🙏 결단 기도

하나님, 세상의 권세에 순종하되 항상 하나님의 뜻을

우선으로 삼아 정의와 사랑을 실천하는 삶을 살게 하소서.

예수님 이름으로 기도드립니다. 아멘.

하나님의 계획이 우리의 생각과 왜 다를까?
진짜 궁금한 성경 한 절

2025년 3월 10일 처음 펴냄

지은이 | 오은규
펴낸이 | 김영호
펴낸곳 | 도서출판 동연
등 록 | 제1-1383호(1992년 6월 12일)
주 소 | 서울시 마포구 월드컵로 163-3
전 화 | (02) 335-2630
팩 스 | (02) 335-2640
이메일 | yh4321@gmail.com
인스타그램 | https://www.instagram.com/dongyeon_press

ISBN 978-89-6447-087-9(03230)